壹卷
YE BOOK

洞 见 人 和 时 代

古今之维

问题与方法

洪涛

著

四川人民出版社

目录

投身于阅读（代序）..........................001

清末对中体西用论的批评
    ——以何启、胡礼垣和严复为中心 007
古今之维：政治思想史研究的方法论反思 049
"帝国"时代的政治
    ——《帝国：全球化的政治秩序》重述 107

沃格林：何枝可依？
    ——读沃格林《自传性反思》 131
自由主义与恐惧
    ——读《我们心底的"怕"》 141
残忍之为首恶
    ——读《平常的恶》 165

韦伯：在合理化的"坚壳"中，"人"何以可能？........183
马克斯·韦伯与人类未来 189
生命，还是生命的技术-权力化？.....................211

文学式想象：现代个体的一条逸出之路.........................223

康德政治哲学的若干问题
　　——谈《法、自由与强制力》..............................231
"天何言哉！四时行焉，百物生焉；天何言哉！"
　　——读康德《宇宙发展史概论》..............................243
当下语境中的汉娜·阿伦特
　　——从《康德政治哲学讲稿》谈起.........................249

投身于阅读（代序）*

我读书始于"文化大革命"末期。才上小学，母亲给我一个笔记本，用来记下读过的书，第一页上写着"读万卷书，行万里路"。现在想来，"行万里路"，做得少，"读万卷书"，做得还算尽力。于是就埋头读书，笔记本很快记满了。这样还养成一种习惯，即读一本书，总努力从头读到尾，否则是不能算读完并记录在册的。这个习惯直到后来从事所谓学术研究时才不得不改变。

那时所读的书，多是借的。一到寒暑假，就去父母单位图书馆或街道图书馆，抱回厚厚一摞书。但终于有一天，我对母亲说，要买一套《三国演义》。其时已经借了《三国演义》来看，但第一次有一种永远"占有"一种书的欲望。书在当时还是紧俏商品，母亲托了图书馆的人才买到了。这是人民文学出版社1973年第3版上海1980年第1次印刷的，墨绿色封面，右上竖排"中国古典文学读本丛书"。我的书架上有了属于我的第一

---

* 本文原刊于《文汇报·笔会》2010年7月12日11版。

种书。

自20世纪初废科举、撤经学，读书人便多从"四大名著"起步。著书人都深通"四书五经"，于后者笔法了然于胸，故这些书多有经史气韵，或一字褒贬，或微言大义。其中我偏爱《三国演义》，因其叙述平易扎实，离史家近，离小说家远，更近经史风骨。或者说，在经史传统暂时中断的时代，《三国演义》最近于经史。小时候读，刘备的仁厚，诸葛亮的智慧，关张的刚直，都印象深刻。长大后，世故了些，方觉刘备、诸葛近乎伪，关羽近乎僭，然仁、知、直之观念已深入内心，才知这就是中国古书的好处。好的书，阅历丰富、目光锐利的人，可以从中看出世态人情之幽深；单纯浅薄、质良纯朴的人，也不会为这复杂所困扰、迷惘。

那以后便开始了我读书的"演义时代"，《东周》《说岳》《说唐》《隋唐演义》乃至蔡东藩的列朝列代演义，一路读下来。这些书虽吸引力不及《三国》，但都是英雄传奇，且都宣扬仁义礼智、忠孝节义。这些书到今天我还以为，是对孩子的最好的道德教育读本。中国古代的道德教育，重心术胜于规范，所以即便像《水浒》，说的尽是打家劫舍的强盗，而又尽许之以"义"，其所重者便是心术。现今道德教育，多重规范，其实并不是最好的方法。

进入高中，得以特许到教师图书室读书。冬天，书冷得像铁石，手拿着书，三五分钟就得换手。最初看书只是随手抽拿。先翻两页，看得下去就拿来细读。有一回随手抽出一本，是卢梭的《忏悔录》，人民文学出版社小开本。从第一页便一路读下去，读了几个礼拜，只要上学的日子，每天去。此前总以为，唯有披盔甲、骑战马情节的，才算是好书，看了卢梭，才知道有另外的一种好，一种不是建功立业的，而是纯粹关乎人的内心的好。《忏悔录》写卢梭多舛的命途，但读是书，所得的不是"凄惨"而是"温暖"。书的主题，是自我教育、爱情与友情、思想与学术、人与自然，也是人生的主题。《忏悔录》写"己"之"过"（故曰"忏悔"），为的是知人之"仁"（人情，人对自然、对生命之爱）。偶然读到诗人柏桦的话："只有辛酸是不够的，重要的是辛酸中悄悄的深刻与甜蜜和个人的温柔与宽怀，甚至要噙满热泪、胸怀欢乐去怜悯这个较为残酷的世界"，就想到《忏悔录》。这是第二本让我有强烈占有欲的书。母亲依旧是托了图书馆管理员，费了不少时间，等到近乎绝望了，终于买到：商务印书馆"汉译世界学术名著丛书"1986年版，上下两册，黎星、范希衡的译本。

《忏悔录》之后，读了歌德、托尔斯泰、罗曼·罗兰等的书。这都是属于一个传统的。阅读这些书，让我从一个"奥数选手"，成为文科大学生。进大学后，也读了不少专业书。20世纪80年代末，有位老师对我说，多读一点中国的东西。于是找了《论语》来读，是朱熹《论语集注》本，上海古籍出版社1987年影印世界书局版，薄薄的一册。那时常把书卷了，塞在口袋里，走到校园僻静的地方，拿出来念，有时就把书往地上或石桌上一扔。所以这书，是我所有藏书中品相最差的。

当时不比现在，思想界西风劲吹，传统文化一律被视为中国贫弱专制的罪魁祸首。那个时候读《论语》，当然不是有研究的目的，更不是社会风尚的影响，而只是读了几句便觉得好。所谓的"好"，一是文字平实，孔子讲"辞达而已矣"，这要做到，其实很难，《论语》本身便是典范；二是读了心很踏实。后来每遇不安的事，便拿了《论语》来看，就敢于面对了。

这本书，陪了我好几年，批注的笔不下五六种。朱熹的《论语集注》后来又有了上海书店影印的1935年商务版（字体清晰工整。购于20世纪90年代初，价一元七角，一气买了几本）、商务印书馆"新编诸子集成"本、上海古籍出版社"朱熹系列"版、巴蜀书社影印巾箱本等，以及更多的其他注疏本。这本《论语》一直在书架上，今天又拿出来，随手翻了几页，看到在"硜硜然，小人哉"一句边上批着这样一行字："西塞罗：理论一贯者乃小人之美德。"禁不住笑了。

《三国演义》今天还经常拿来翻看，《忏悔录》与《论语》都已成了讲课的主题与研究的主题。这三本书，对我而言，可以说是影响最大的了。20世纪90年代之后，卢梭因其所谓与后来极权政治的牵连而为人诟谩，《论语》近来却时来运转、风靡一时，这些都让我在下笔时有些犹豫，怕说喜欢卢梭会有喜好极权的嫌疑，而说喜欢《论语》又会被认为赶时髦。不过转念想来，既然爱它们，与之荣辱与共，本是读书人的莫大幸福。对一本书或爱这一本书的人来说，时运的盛衰原与它、与他不相干，尽管庸人们常常高抬了（其实他们本意是想贬低）那些书，譬如把近代中国国力的不振怪罪于孔子及儒家，把法国大革命中的暴行归咎于卢梭，把西方人的不信仰归罪于尼采，把后现代的诸多现象归咎于后现代思想家，等等。一言或可兴邦或可丧邦，那是对治国者言的，对于写书人或读书人这样说，那是太抬举他们了。那些想在书与时代之间建立起某种因果关系、找到某些必然规律的人，大概不会是一个好的读书人。一个真正的读书人有如一位美食家，他只是品味上乘，而不是精通食物里的元素是如何作用于人的身体、服务于人的机能的。一位真正的读书人也仅仅知读书之乐，读书之乐即目的，他拿到一本好书，投身于阅读便是。

清末对中体西用论的批评

——以何启、胡礼垣和严复为中心*

百年以来，对中体西用的理论，大体同情者少，批评者多。讥评者有谓此论"不三十年将化为灰烬……闻者犹将掩鼻而过之"（梁启超《自由书》，1899年）[1]，有谓其"祸国殃民，指日可见"（何启、胡礼垣《〈劝学篇〉书后》，1899年）。[2]这些批评，是富有先见之明的预言，抑或只是当时精神气氛的体现，而中体西用论正遭蹼于这样的精神气氛之中？本文试图搁置20世纪20年代以来的种种思想建构，直接考察有关批评文本，以期对这一问题有较为客观的了解。

---

* 本文原刊于《复旦政治哲学评论》第2辑，上海人民出版社2010年版。

[1] 梁启超：《自由书》，载《饮冰室文集》点校本第4集，云南教育出版社2001年版，第2254页。

[2] 何启、胡礼垣：《新政真诠——何启、胡礼垣集》，郑大华点校，辽宁人民出版社1994年版，第423页。

一

关于"中学为体，西学为用"，梁启超发表于1920年的《清代学术概论》中有一段著名的话：

> 甲午丧师，举国震动，年少气盛之士，疾首扼腕言"维新变法"，而疆吏若李鸿章、张之洞辈，亦稍稍和之。而其流行语，则有所谓"中学为体，西学为用"者，张之洞最乐道之，而举国以为至言。盖当时之人，绝不承认欧美人除能制造能测量能驾驶能操练之外，更有其他学问，而在译出西书中求之，亦确无他种学问可见。①

这段话虽然被广泛征引，却不尽合乎史实。张之洞原是"天下皆知本为新党"②的，这里却变成了一位仅仅对变法"稍稍和之"的洋务派（且被系于李鸿章之后）；"中学为体，西学为用"，举国以为至言，但当时之人，又"绝不承认欧美人除能制造能测量能驾驶能操练之外，更有其他学问"，这样，"中学为体，西学为用"岂不成为"师夷长技派"的纲领了吗？这些说法当然有违事实，张之洞的《劝学篇》写得很清楚：

> 新旧兼学。四书五经、中国史事、政书、地图为旧

---

① 《梁启超论清学史二种》，朱维铮编，复旦大学出版社1985年版，第79页。
② 吴剑杰：《张之洞的升迁之路》，湖北人民出版社2005年版，第137页。

学，西政、西艺、西史为新学。旧学为体，西学为用，不使偏废。（《劝学篇·外篇·设学第三》）

"制造""测量""驾驶""操练"仅涉西艺，而张之洞是主张学西政、西史的，西政指西方政治制度，西史指西方政治智慧，这些都不止于器物。

对于19世纪90年代广为流行的中体西用论，梁启超当然非不了解。然而，撰写《清代学术概论》之时，也正是新文化运动和"五四"运动蓬勃展开之际。重述历史（由近代的历史开始，很快波及中国的整部历史），是这场运动的准备，也是这场运动的要求。新文化运动之"新"，一个重要特征，在于"旧"与"新"、"古"与"今"不再与某些固定性质相联系，而是被置于变化、流动的时间维度之中，从而永远只具有相对的意义。从"旧"到"新"，被看作一个不断变化且变化程度日益加深、加剧的进步过程。陈独秀在发表于1916年《青年杂志》第一卷第六号《吾人最后之觉悟》中说：

自西洋文明输入吾国，最初促吾人觉悟者为学术，相形见绌，举国所知矣；其次为政治，年来政象所证明已有不克守缺抱残之势。继今以往，国人所怀疑莫决者，当为伦理问题。此而不能觉悟，则前之所谓觉悟者，非彻底之觉悟，盖犹在惝恍迷离之境。吾敢断言曰：伦理的觉悟，为吾人最后觉悟之最后觉悟。①

觉悟是逐渐深入的：先是觉悟到"学术"不及西洋（遂有"学术"之变）；次则觉悟到"政治"不及西洋（遂有"政治"之变）；"继今以往"，终将觉悟到"伦理"不及西洋（终有"伦理"之变）。而伦理之觉悟，将是"最后"之"最后"觉悟，惟有这一觉悟，才将导致彻底之"变"。此段叙述已经建构了近代中国社会变迁的三阶段：学术、政治、伦理。

梁启超1922年的《五十年中国进化概论》将此三阶段进一步具体化：

> 第一期，先从器物上感觉不足。这种感觉，从鸦片战争后渐渐发动，到同治年间，借了外国兵来平内乱，于是曾国藩、李鸿章一班人，很觉得外国的船坚炮利，确是我们所不及，对于这方面的事项，觉得有舍己从人的必要，于是福建船政学堂、上海制造局等等，渐次设立起来……第二期，是从制度上感觉不足。自从和日本打了一个败仗下来，国内有心人，真像睡梦中著了一个霹雳，因想道，堂堂中国为什么衰败到这田地？都为的是政制不良，所以拿"变法维新"做一面大旗，在社会上开始运动……第三期，便是从文化根本上感觉不足……革命成功将近十年，所希望的件件都落空，渐渐有点废然思返，觉得社会文化

① 《陈独秀著作选》第1卷，上海人民出版社1984年版，第179页。

是整套的，要拿旧心理运用新制度，决计不可能，渐渐要求全人格的觉悟。①

　　依梁启超的看法，鸦片战争至曾、李洋务派为第一期，变在器物；甲午战争至辛亥革命为第二期，变在制度；辛亥革命之后为第三期，变在文化。这个"三阶段论"的近代史观，今天业已成为常识。但证诸文献、考诸史实，可以发现其中有许多扞格之处。譬如，第一期的魏源，众所周知，是"师夷长技"理论的倡导者，然其《海国图志》却反复强调，"欲平海上之倭患，先平人心之积患"。②其实，李泽厚先生也早已指出，魏源"和龚自珍一样，都非常渴望内政上的某种大改革"，尽管他依然认为洋务派是"单纯讲求学习西方'船坚炮利'的"。③然而，检阅与曾、李等洋务派有千丝万缕之联系的王韬的著作，很容易发现，早在19世纪70年代，王韬已多次呼吁变法。如，《变法下》：

　　　泰西诸邦，国小而民聚，其民心齐而志固，同仇敌忾，素蓄于中。在其国内，各事其事，各业其业，雍雍然其气静谧而专一，故国易以治。夫岂徒恃乎器艺技巧，繁术小慧，遂足以收效也哉？④

---

① 梁启超：《饮冰室文集》点校本第5集，第3249—3250页。
② 魏源：《海国图志》，中州古籍出版社1999年版，第68页。
③ 李泽厚：《中国近代思想史论》，天津社会科学院出版社2003年版，第32页。
④ 王韬：《弢园文录外编》，上海书店出版社2002年版，第15页。

又如，《重民下》，王韬盛赞英国政治的美善：

> 以君民上下互相联络之效也。……合一国之人心以共
> 为治，则是非曲直之公，昭然无所蒙蔽，其措施安有不善
> 者哉？窃以为治国之道，此则犹近于古也。①

还有，《洋务下》：

> 风俗厚，人心正，可使制梃以挞秦、楚之坚甲利兵
> 矣，西法云乎哉，而西法自无不为我用矣。此由本以治
> 末，洋务之纲领也。欲明洋务，必自此始。②

美国汉学家柯文也指出："在19世纪70年代，王韬成为制
度变革（变法）的最早倡议者。"③其实，严复在1895年的《原
强》一文中写得很清楚："中国知西法之当师，不自甲午东事败
衄之后始也。"④显见，在梁启超所谓的第一期，洋务派们业已
认识到西方之强不仅在"器物"，而且在"制度"或"文化"；
欲强中国，首先应有制度与文化层面的变革。

事实上，从魏源起的晚清变法家们，大多将器物、制度、
文化作综合的考虑，并不存在所谓由器物至制度至文化的明显

---

① 王韬：《弢园文录外编》，第20页。
② 王韬：《弢园文录外编》，第28—29页。
③ 柯文：《在传统与现代性之间——王韬与晚清改革》，雷颐、罗检秋译，江
苏人民出版社1994年版，第138页。
④ 《严复集》第1册，王栻主编，中华书局1986年版，第26页。

过渡或发展。"三阶段论"很大程度上系一种后来的人为的思想建构。杨念群先生指出：

> 三大模式的否断式、直线式的联系线索是自梁启超以来的思想家人为构设的"知识论"语境，又为殷海光、庞朴等人所沿袭，进而成为知识群体不断掀起思想变革运动的模本。①

"不断掀起思想变革运动"这一观念的产生在先，"三阶段"的发展"事实"似乎就成了自然而然的事。这一"史观"暗含了"变迁"的自我推动性质，即每一次"变"只不过让人意识到"变"的限度（或不足），从而推动了进一步的"变"。

历史解释操于后人之手，后人便较前人有了优势，然而，相对于更后之人，又只能感慨"吾生也早"。在永恒向前的历史长河中，一代继一代而起，一代承一代而变。每一代人，各领风骚若干年后，便被扫入历史之垃圾堆，变成遗迹和陈物，而清扫别人的人，复被后人所清扫。在这种"变"的史观下，后起者，或准确地说，后死者，因其为"后"，便享有必然的优势；因为有了历史高度，便得以洞悉前人之所谓限度。凡"新"，凡"后"，便是"权威"。先人因其先，老人因其老，便都带着错误的原罪，必须向后人、新人学习。前人总是因未见后人，自然带着局限性；后见之明总是胜过先见之明。这一切

---

① 杨念群：《儒学地域化的近代形态》，生活·读书·新知三联书店1997年版，第5页。

皆已成为20世纪的通则。运动、变化是绝对的，静止和稳定是相对的。关键问题在于如何加速"变"；更快、更迅速达到下一阶段，是现代的自明目标。

尽管"三阶段论"不合乎历史事实，却作为历史的重要部分，参与建构了历史事实：与承认存在不变之道的传统思想作彻底决裂的新文化运动。而"三阶段论"不但划分了变的程度、深度与性质，而且决定性地解除了对存在着不变之道的信仰。取而代之的是对"变"本身的信念。它不仅是对这一段具体变迁的历史的解释，而且是对无所不变的肯定：变是绝对的。

以古今视域来看这一"范式革命"，或许可以认识得更清楚。古典思想在"变"中寻求"不变者"，在"变"中保持"不变者"。龚、魏以降的晚清变法家，虽力主变法，"变"却只是为了守护"不变者"。反之，现代的"变"的史观，则拒绝将"变"仅仅视作权宜之计，拒绝将"变"看作对"不变"的自然生活的复返与回归。一切皆变，唯有变不变。变不保持任何东西，除了它自己。因此，在这一"变"的本体性哲学和历史哲学中，含着对中国文化固有观念的颠覆：变本身成为不变之本。

由此可见，"三阶段论"实质是一种"二阶段论"：变之前史（不彻底、非自觉的"变"）与变之历史（"继今以往"的自觉了的"变"）。技术、制度之变革，皆为文化伦理之变革作准备，唯有对文化之变革拥有真正意识的人，才是真正的变革者。是否具有文化之变革意识，成为判决是前一阶段，还是后一阶段的分水岭。基于这一史观，之前的洋务派、中体西用论者，皆成为过渡性的人物（尽管梁启超、陈独秀很快也被后人认为不彻底而被过渡），因为他们还保持着对不变者的信仰。①从龚自珍到张之洞，这一系列的，甚至可说中国最后一批伟大的古人，其形象便长期处于模糊和黯淡之中。而他们的自觉的继承人，倘要不被遗忘，倘要不成为"过渡"，那么，完成文化的彻底之"变"，成为他们无法抗拒的历史命运。

二

倘若借用严复"牛体马体"之喻，那么，以变之史观来评判中体西用论的做法，实可谓牛头不对马嘴。在变之史观确立之前的思想家们或变法家们，并未仅仅考虑器物或制度的变革，而罔顾更根本的制度或文化层面的变革，相反，他们自然而然地将器物、制度、文化三者作综合的考虑。他们还不具有那种发展史观，即将人类历史看作一个变迁的总体，其中的一个部分的价值，需通过这一总体来判定的观念。他们的核心问题是：何谓体用、本末、始终、道器。换言之，什么是变易之道，什么是不变之道。他们考虑更多的毋宁是中国之贫弱是否由于政治根基上的问题。

变法者们重申自然的永恒之道，同时，将现实状况与之相比照。这种做法不出认知的古典框架，而中体西用论无非是在

---

① 中国近代的这一过程与西方解构形而上学传统的过程颇为相似，尽管中西传统对不变者的看法截然不同。

这一认知框架中的一种形式。问题是，这一古典的认知框架是如何被颠覆的，从19世纪90年代的"举国以为至言"的中体西用论，何以到了1900年，不过十年时间，便被弃若敝屣，这一变化的意义究竟是什么？要弄清楚这些问题，自然不能透过后来的进步史观——这一史观本身就意味着对凡后起者的合理性的天然承认，而是应该到与它同时代人的相同视域中去寻找答案。

正如前节所引梁启超语，张之洞提出中体西用论时，"举国以为至言"，表明这一观念在朝野流行已久，得到激进、守旧两派的认可。[①]戊戌政变后，守旧派攻击之言如《劝学篇》"吾辈要之何用"[②]，激进派如梁启超等亦对之多有讥评，这些批评显然怀着党派之见，无须赘辨。然而，值得注意的是来自身居边陲蛮荒之地、远离时政的何启、胡礼垣的批评。这些批评正出自变法盛期和政变之后，主要可见诸三个文本：撰于1898年夏的《康说书后》及作于戊戌政变后、大约在1898年底的《新政安

---

① 变法失败后，康、梁激烈抨击"中体西用论"，但是，在变法前和变法中，康、梁不仅对"体用论"未有异议，而且是该论的长期的积极提倡者。康有为早在1891年便提出"必有宋学义理之体，而讲西学艺之用，然后收其用也"。（康有为：《答朱蓉生书》，载《康有为全集》第1卷，姜义华、吴根梁编校，上海古籍出版社1987年版，第1040页）梁启超1896年入湖北，上书张之洞议改革书院方案，认为："以六经、诸子为经，以以西人公理公法之书辅之，以求治天下之道；以历朝掌故为纬，以希腊、罗马古史辅之，以求古人治天下之法；以按切当今时势为用，以各国近政近事辅之，以求治今日之天下所当有事。"（梁启超：《上南皮张尚书书》，载《饮冰室文集》点校本第1集，第176页）同年，在《〈西学书目表〉后序》一文中，梁启超也指出："要之，舍西学而言中学者，其中学必为无用。舍中学而言西学者，其西学必为无本。无用无本，皆不足以治天下。"（《梁启超全集》，北京出版社1999年版，第86页）这些说法其实与张之洞有关"中体西用"的表述如出一辙。
② 吴剑杰：《张之洞的升迁之路》，第139页。

行》和1899年年初的《〈劝学篇〉书后》。它们都被收录于1902年出版的《新政真诠》一书中。

何启，广东南海人，14岁赴英国留学，就读于阿伯丁大学和林肯法律学院，24岁回香港任律师与医生，后为香港议政局议员，在19世纪90年代中期曾参与孙中山筹划的广州起义。胡礼垣，广东三水人，早年是何启在香港中央书院的同学。长期居住香港，办粤报。何启、胡礼垣合作的《新政真诠》一书，系作于19世纪90年代的9篇文章的汇编，这些文章大多是何启先以英文著成，胡礼垣再以中文译述。

《〈劝学篇〉书后》是较早正面回应张之洞《劝学篇》的一个文本。它逐一批驳《劝学篇》的内外诸篇，以为该书"其志则是，其论则非，不特无益于时，然且大累于世"，《内篇》"无一是处"，"内外各论，见解谬妄，首尾乖方……使由其言而见诸行，则祸国殃民，指日可见"①，对《劝学篇》可谓全盘否定。

表面上看，该书并没有着意于中体西用的理论，而是聚焦于一个较具政策性的议题——开议院、宣民权②，似乎是批评张之洞无意于制度变革。但是，有关开设议院的问题，19世纪80年代早有陈虬提出，19世纪90年代宋育仁、陈炽、郑观应亦都有讨论，维新期间，候选郎中陈时政、状元骆成骧也曾上书建议③，而且，张之洞本人原则上并不反对开设议院，而是认为：其一，固有体制虽无议院之名，却有议院之实；其二，"此时纵欲

---

① 《新政真诠——何启、胡礼垣集》，第335—336、383、423页。
② "议院民权者，此篇之大旨也。"（《新政真诠——何启、胡礼垣集》，第426页）
③ 谢放：《雄才大略：张之洞大传》，中华工商联合出版社1998年版，第255页。

开议院，其如无议员何？此必俟学堂大兴，人才日盛，然后议之，今非其时也"。①主张先开民智，再建民主。这一理由即便在今天，也会有不少认同者。况且，激进维新派也并未将开设议院列入变法议程，康有为著名的变法纲领《应诏统筹全局折》（原名《请大誓臣工开制度新局折》）中原本没有制宪内容。因此，以是否认同开设议院来批评《劝学篇》，实属无的放矢。将是否行宪作为区分变法维新期间新旧党人的标准，只是事后的人为建构。

其实，变法期间，所谓"帝党"与"后党"在变法问题上，并无原则对立。当时，对变法而言，如何调和各派权力利益，比单纯的原则论争，更为关键。诚如何启、胡礼垣所论：

> 人之心苟不欲保国利民则已，如欲保国利民，吾知一国之人其心无不同者，固无庸于一国之人之中择而取之曰：此欲保国利民之人，与吾合者也，吾之党也；且于一国之人之中分而别之曰：此不欲保国利民之人，与吾不合者也，非吾之党也；矜其同则必伐其异，互相轧则必两相倾，当新进者之未败，天下不知有守旧之人也，朝野上下皆维新之人而已；及新进之既败，天下又不知有维新之人也，朝野上下皆守旧之人而已；所以然者，惧林累也。②

作为局外人，他们也见出，变法的失败并非原则之争，而

---

① 张之洞：《劝学篇》，上海书店出版社2002年版，第21页。
② 《新政真诠——何启、胡礼垣集》，第305页。

是"迩言之争"。康有为亦好党同伐异，而其行事又撷拾西人之末，或如罗马人，常常要祭拜"邻人不义"之神，而"惟我独善"。这一行事作风，影响后世，迄今不息。而张之洞《劝学篇》，有意师法"中庸"的精神，"是要在激进派的趋新和顽固派的守旧之间寻求一条稳健的变法道路"[①]，它既针对维新之激进派，也是为说服守旧保守的一派，想调和守旧与维新之两端，使各派能弃门户之见，共赴时艰。后来，张之洞1903年赴京主持学制制定，作诗一首，题曰《新旧》，颇能反映他对时局的感受：[②]

> 璇宫忧国动沾巾，
> 朝士翻争旧与新。
> 门户都忘薪胆事，
> 调停头白范纯仁。

张之洞想弥合各派分歧，谋求利益之调和，而非利益之对立。变法之成功与否，在于各派政治上的明智，而不在理论、观念之原则冲突。不过，维新变法的失败似乎预示了中国近代以来凡行中道者失败多而成功少的现实，原因或正如何启、胡礼垣之所见："即中立不移，两无偏袒者亦不得谓之非党。何也？不助此以攻彼，则其为彼之党可知矣，不助彼以攻此，则其为此之党可知矣。是将率天下以相攻也，惟其迩言是争故

---

① 李细珠：《张之洞与清末新政研究》，上海书店出版社2003年版，第108页。
② 《张之洞全集》第12册，河北人民出版社1998年版，第10553页。

也。"①倘想"不党"，则不免受两面的夹击，不如站一端，单面对敌，反更能集中力量。

何启、胡礼垣之写《〈劝学篇〉书后》，纠缠于议院之开设与否，大概不会仅仅出于"迕言之争"。在开设议院的问题上，就它作为施政的一个目标而言，如上所述，何启、胡礼垣与张之洞没有太大区别。他们真正的分歧在于张之洞缓开议院的根据：张之洞是主张先学后政的。"学"是《劝学篇》的主旨。而何启、胡礼垣与张之洞的分歧，正在"学"这一问题上。简言之，《劝学篇》与《书后》之主要差异在是否将"学"作为"政"的先导。

《劝学篇》言："中学为内学，西学为外学，中学治身心，西学应世事。"这正是张之洞"劝学"的要旨。对此，《〈劝学篇〉书后》的批评是：

> 不知无其内安得有其外？苟能治身心即能应世事，苟能应世事即可知其能治身心，身心世事，一而二，二而一也。②

意即，中学既然已经无法应世事，又何以能治身心。有其内就能有其外。内与外是"一而二，二而一"的事。倘以中学为体、为内，那么就不必有西学之为用、为外。中学倘能治身心，便能应世事。

---

① 《新政真诠——何启、胡礼垣集》，第305页。
② 《新政真诠——何启、胡礼垣集》，第392页。

这一番话，在今人听来，可谓至正至中。在经历严复的"体用不二"论及近代西方理论（技艺）与实践（应用）之统一的观念的洗礼之后，"学用一源"无疑是自明的——尽管在张之洞的时代及之前的绝大部分时代中，无论是在中国，还是在西方，并不存在这种自明性：实践不等同于应用，理论亦不等同于实践之预备。譬如，在儒家古典传统中，政治之"用"通常含有"不用"的意思。《论语》首章即阐明儒家传统的这一要义：

> 学而时习之，不亦说乎？有朋自远方来，不亦乐乎？人不知而不愠，不亦君子乎？

悦在内心。因为学在己，无待于人，所以，有所得，则悦。乐在外，喜悦之见之于人，故而有待于朋友。君子，指有学而有位之人。人不见知，学无所用，有学而无位，无所悦、乐，唯能不愠，虽不得为君子，亦为君子。此章由"学"始，由"亦君子"终，所谓"始于学，终于政"（其实是终于"无用于政"）。孔子告诫弟子，为学不必求有用，学不仅在致用，而且在不致用：

> "用之则行，舍之则藏。"（《论语·述而》）
> "天下有道则见，无道则隐。"（《论语·泰伯》）
> "邦有道，穀；邦无道，穀，耻也。"（《论语·宪问》）

"君子固穷。"（《论语·卫灵公》）

这些话都表明，学并非为了用，有时是为了不用。用或不用，取决于学的判断，正所谓"用舍由时，行藏在我"。[1]在求诸己的学和求诸人的用之间，存在着张力。有学并不必然付诸用，付诸用并不必然见诸效。合乎道的，并不一定能够应于世，关键在乎时。而"时"的判断本身便是学的内容。儒学一贯反对那种通过"用"（效用）来证明"学"之价值（有用性）的主张。欲在"治身心"与"应世事"之间，有其"一而二，二而一"的关系，或许只有在理想社会中才有可能。在体与用、学与政、内圣与外王之间，存在张力，甚至对立。

何启、胡礼垣的学用合一的要求，实质颠倒了儒家的体、用关系。学不再是为己之学，而成了为人之学。学之能否被视为学，端视其能否"为人"。求体用合一，不过是要求"体"能够合乎"用"的需要，否则，"体"就应被改变。"体"不再是不变的，而是要跟着"用"来变。诚如罗志田先生所论：清季"朝野的一个共同倾向是强调'学要有用'，而所谓学术之'有用'意味着能够指导或至少支持当时中国面临的中外'商战'和'兵战'"。[2]于是，在清朝未能实质起着"治身心"的作用的中学，却承担了清廷无法"应世事"的责任。

然而，将"治身心"与"应世事"视作"一而二，二而

---

[1]　苏轼：《沁园春·孤馆灯青》。
[2]　罗志田：《物质与文质：20世纪中国文化的反思》，载《昨天的与世界的：从文化到人物》，北京大学出版社2007年版，第3页。

一"之关系，并不见得一定会导致对中学的否定，还存在着另一种可能性。这就涉及何启、胡礼垣关于中体西用的另一处批评，出现于《康说书后》一文中：

> 今或以中学为体，西学为用；中学为本，西学为末；中学为经济，西学为富强；皆于其理有未明也。①

这里对"中学为本，西学为用"的批评，矛头所指，却不是张之洞，而是康有为，具体言之，它直接针对康有为在保国会的首次演说，认为康有为在演说中：

> 乃公然扬厉其词，谓泰西之能保民、养民、教民，以其所为与吾经义相合之故；中国之不能保民、养民、教民，以其所为与吾经义不合之故。②

这篇文章撰于1898年夏，正值维新变法盛时，比撰于变法失败后的《〈劝学篇〉书后》更早，其对中体西用论的批评，可能就更为纯粹。这里所谓康有为的"公然扬厉"的看法，与何启、胡礼垣的立场有同有异。其实可以将他们所表述的康有为的看法视作对前面所讨论的何启、胡礼垣对张之洞"中学为体，西学为用"的质疑的一个回答。何启、胡礼垣问：倘能以中学为体（"治身心"），何以不能以中学为用（"应世事"）？康

---

① 《新政真诠——何启、胡礼垣集》，第270页。
② 《新政真诠——何启、胡礼垣集》，第266—267页。

有为的回答是：身心、世事确实不分，但清政本不合中学，相反，泰西之政倒合乎中学。因此，清政之不能"应世事"，并不能作为中学之不能"应世事"的证明。康有为以清朝之治道不合中学之体来化解何启、胡礼垣对中学的质疑。康有为号称公羊家，自然不会认为由夷而夏、由夏而夷，有违儒家的主张。清政不合中学的话当然不会出自张之洞之口，或许这就是为什么何启、胡礼垣批评"中学为体，西学为用"首先针对康有为的原因吧。康有为更接近他们的立场，与他们共享一个前提：治身心与应世事是"一而二，二而一"的关系。

今人一提"中体西用"，便会想到这是一种文化本质主义视域下的观念，但这完全是一种误解。从康有为的说法可以看出，中体西用并非文化本质主义的，后者倒是"体用不二"论的产物。无论张之洞，还有康有为或何启、胡礼垣，谈到"体"，自然意味着普遍，放诸四海而皆准。① 所谓"中体""西体"，其意不过是"体"体现于中学这一载体，或体现于西学这一载体；言以"中学为体"，即是说，通过中学来体悟这个普遍之"体"。就体本身而言，无分乎中西。西人可有中体，中人亦可无有中体。康有为认为，中学不在中人（清人）处，却在西

---

① 王韬在《漫游随录》中所记录的他在英国牛津大学的演讲，体现了对存在着普遍之"体"的古典信念："孔子之道，人道也。有人斯有道。人类一日不灭，则其道一日不变。……夫天道无私，终归乎一。由今日而观其分，则同而异；由他日而观其合，则异而同。前圣不云乎：东方有圣人焉；此心同，此理同也。西方有圣人焉；此心同，此理同也。请一言以决之曰：其道大同。"（王韬：《漫游随录》卷2，社会科学文献出版社2007年版，第78—79页）西方有西方的本原，中国有中国的本原，两者在本质上截然不可相通，这种文化本质主义的观念，在张之洞、康有为等人那里，还是不可想象的。

人处，即体在西人那里。或者说，西人是夏，清人是夷。

张之洞和康有为都认为，用需合于中学之体——不论中学是否在清人那里。何启、胡礼垣则认为中学无用，不足以载"体"，但是，这是否意味着他们主张以西学为体呢？回答是否定的。他们认为，体不在学，而在人心：

> 夫利世者，圣人之心源。经书者，圣人之陈迹。心源历世而无异，陈迹阅时而不同。以心观圣人原无可议，以迹观圣人必有可疑。由其迹而推其心，不若法其心而略其迹也。①

反对"泰西之能保民、养民、教民，以其所为与吾经义相合之故"，不仅仅是因为他们认为中学不足以体现"体"，而且因为"保民、养民、教民，何须经义。外洋诸国惟不用经义，故能为所当为，亦犹尧舜三代时无经义，故能日新其德。……中国之不能变，盖经义累之也"。②中国之弱，弱在误以经书这本该"略"去之"迹"，为圣人之心源，反而未能做到"法其心"："泰西之保民，养民，教民，能至于是者，无经义以阻挠之也。中国不能保民，养民，教民，竟至于是者，有经义以蔽塞之也。"③因此，在何启、胡礼垣看来，无论中学，还是西学，皆不足以为体。问题的关键不在中西，而在学用。圣人之心

---

① 《新政真诠——何启、胡礼垣集》，第267页。
② 《新政真诠——何启、胡礼垣集》，第266—267页。
③ 《新政真诠——何启、胡礼垣集》，第269页。

才是体。他们与中体西用论者的差别，不在于中西之学何者为体，而在于是以圣人之心，还是以圣人之迹。

弃圣人之迹，如何能体会圣人之心？——应该说，弃学而言体，原非儒家之主流。何启、胡礼垣诉诸陆九渊的"易简之道"。陆九渊认为，读书穷理、践行礼乐皆为"末"，唯发明本心才是"本"。一味致力于读书或躬行，无异于本末倒置。因此，弃《诗》《书》、礼乐，即弃"学"，以复归人的本心。圣人之心即人之心，人只要回归本心，也就得了圣人之心。这便是何启、胡礼垣在《新政安行》中所说的"以己之性情度人之性情"①的"易简之道"。

人之本心，即人情事理。《〈劝学篇〉书后》有一句话，与前引《康说书后》所批评的康有为的说法形成对照：

> 中国之既贫且弱，为其离乎情理，以异乎孔孟之道之故。外国之既富且强，为其近乎情理，以合乎孔孟之道之故。②

何启、胡礼垣和康有为一样，以为清政不合中体，他们的分歧在于，康有为以为不合儒学经义，故不合孔孟之道；何启、胡礼垣以为不合情理，故不合圣人之道，而且，恰恰因为要一味合于经义，所以才不合情理。外国之富强，不是合乎儒家经义，而是合乎人的情理的缘故。因此，何启、胡礼垣之批

---

① 《新政真诠——何启、胡礼垣集》，第283页。
② 《新政真诠——何启、胡礼垣集》，第341页。

评"中体西用"，看似批评"中学为体"，实际是批评"以学为体"，而主张"以人心（情理）为体"。或许可以说，这也是一种"以中为体"，只是它不必通过某种特殊的学问传统，而直接诉诸每一个人（无论中西）的人心，因此，何启、胡礼垣的"体"，具有一种抽象之普遍性：

> 孔孟之道，情理而已。情理者，人所同具，孔孟不过于情理之中能造乎其极，而先觉牖民耳。孔孟不生于欧美二洲，而欧美之人未闻不以情理为重；孔孟不生于尧舜二代，而帝王之世何尝不以情理为归。①

这一立场体现于他们关于变法的具体安排。与当时几乎所有变法家一样，何启、胡礼垣关注的是何谓不易之道、何谓变易之道。不易之道即儒家所谓的人心，可分为士心与民情两方面："士心"，即得人之道，用人之道；"民情"，即上通下达。所谓变易之道，指器用层面，如礼乐、兵刑、食货之类。

在《新政论议》中，"不易之道"具体为"复古之法七项"：择百揆、厚官禄、废捐纳、宏学校、昌文学、行选举、开议院。"可易之道"则具体为"因时之事九项"：开铁路、广轮舶、作庶务、册户口、分职守、作陆兵、复水师、理国课、宏日报。前七项乃复古圣人之心，是"为政之体"，后九项乃因

---

① 《新政真诠——何启、胡礼垣集》，第339页。

应于当前之时势，是"为政之用"。①前七项"皆务在得人"②，
"首在用贤"③，是根本，因为"惟能复古，乃能因时，愈欲
因时，则愈思复古。故欲行九事于后，必先行七事于前；能行
七事于前，必能行九事于后"。④因此，何启、胡礼垣的政策主
张，仍然不离儒家之治道：

> 国之根本在民情。……民情若厚，虽积弱而能兴……
> 是以善治国者，厚其民情而已。⑤

> 为天下国家者，其道在于收天下国家之心而已。收
> 者，贯也，串也，贯而串之，则散者聚，分者合聚焉，合
> 焉斯可谓之国家矣。……贯串其心，使为我用者，是诚治
> 天下国家之要道也。⑥

这些似乎都不出儒家固有的政治轨迹，然而关键问题在
于，如何得人，如何通民情。何启、胡礼垣的看法是，既然经
义不过是圣人之陈迹，而且，"古学者，不学或反能为达权通变
之夫；嗜学，则反至为拘迂执滞之辈"⑦，那么，就不必通过考
察有关经义的知识来选用人，而是看一个人是否通情达理：

---

① 《新政真诠——何启、胡礼垣集》，第277页。
② 《新政真诠——何启、胡礼垣集》，第118页。
③ 《新政真诠——何启、胡礼垣集》，第243页。
④ 《新政真诠——何启、胡礼垣集》，第180页。
⑤ 《新政真诠——何启、胡礼垣集》，第100—101页。
⑥ 《新政真诠——何启、胡礼垣集》，第280页。
⑦ 《新政真诠——何启、胡礼垣集》，第259页。

夫孔门之学在明其情理而已。孔门之政在行其情理而已。曾子为孔门高第，独得心传，其言曰："夫子之道忠恕而已。"忠恕者，情理之谓也。一以贯者，一之以情理贯之以情理也。劝学内篇言学言政，皆舍情理而他务是遑，故愈言孔教，而愈与孔教相背。①

《劝学篇》序讲得明白："内篇所言皆求仁之事也。"求仁即"忠恕之道"，通情理正是"求仁"之事，何以何启、胡礼垣批评《劝学内篇》"舍情理而他务是遑"？原因是，在何启、胡礼垣看来，读书不仅不能使人通达情理，而且可能适得其反。倘依张之洞《劝学篇·循序》的教育程序，中材之人十岁接受教育，等到博通经史，已然四十以后之年。故《〈劝学篇〉书后》说，张之洞"劝学"的目的，便是"绝不肯行新政，由先有中学之见横梗胸中也"。②

在何启、胡礼垣那里，主要问题不是时间太长，而是张之洞的那种"学"在他们看来会导致所得非人。无论八股科举选士，还是张之洞所主张的中西兼学的书院或学堂，还是康有为的师徒讲学，都无法得到所需之人。古代儒者固然能攻城拔寨，但"昔之敌在中国，今之敌在外洋"③，而欲敌外洋之敌，首先不是学外洋之学，而是要通人情事理。儒家之道讲的是下学而上达，先学而后政，而在何启、胡礼垣看来，要能应现代

---

① 《新政真诠——何启、胡礼垣集》，第370页。
② 《新政真诠——何启、胡礼垣集》，第370—371页。
③ 《新政真诠——何启、胡礼垣集》，第399页。

世界之用，则应"废学（古典意义之学）而下降"：

> 中国之书读之不胜读矣。然苟以情理求之，虽未读而胸中之书正多；不以情理求之，则虽尽读此七万余卷，亦非徒无益，害且随之。[①]

如前述，何启、胡礼垣之反对"中学为体"，并非主张"西学为体"，而是反对以学为体，无论此学指中国古典人文学，还是西方古典人文学。在他们看来，以古典人文教育的培养，并不能造就现代社会所需要的常人。对于现代社会，传统意义上的"学"不仅于人于国无益，而且适足有害。现代西方之强大，首先不是因为学问有多高深，也不是因为科学有多发达，而仅仅在于，他们从古典教化中得到解放，恢复了人的情理。何启少年即负笈英伦，于西方古典传统未必稔究，但对于现代精神的了解，在当时究竟为国人所不及。西方现代正是从剥离了任何传统（学术和风俗）的自然人假设起步的。从霍布斯到卢梭，都试图不再倚靠古典学问传统，而是从常识的角度，来把握作为出发点的自然人。这样，他们所理解的自然人，便具有他们生活的那个时代的人的特性。何启、胡礼垣所说的去"学"（古典人文教育所加诸人的种种礼乐教化），以复归人心，恰似西方近代进程的起步，实开启了日后中国人的层层解放的进程。

[①] 《新政真诠——何启、胡礼垣集》，第374页。

严复曾说:"制科人十九鹘突于人情物理,转不若农工商贾之有时而当也。"①这话看似与何启、胡礼垣的主张相当,却有本质的不同。严复其实只是批评"制科",并不单纯反对以"学"为本,他甚至一度主张以"西学"为本。在此意义上,严复比何启、胡礼垣古典得多,而与张之洞合调。张之洞亦以为,先要普及教育,使民众拥有参与政治之能力,有能力公论公议②,然后开设议院,才有实效。但何启、胡礼垣看来,经过"中体西用"式教育的人,并非具有常情常理、通达人情物理的常人,而依然是士君子。这样的人,恰恰有违开设议院的得人之旨,因为议院之设,无非让那些在日常生活中精于争竞的人脱颖而出,只有这样的人,才能应付他们的西洋同道。而张之洞所设想的议员,依然是饱读《诗》《书》的传统的缙绅士大夫。③在何启、胡礼垣这两位当时最了解西方世界的中国人看来,那些士大夫如何能够与洋人,尤其与来中国冒险的洋人们一搏呢?倘若不彻底变更得人之方式,中国安能与西洋对抗?因此,成为议员的唯一条件,就是去除"学问"门槛:"无论科甲之士,商贾之家,皆得为议员,但须由公民举。"④只有这样,才不会所用非其人,所习非所用,才能"宣上德,通下情,使平日一政一令,必归于和"。⑤因此,何启、胡礼垣与张

---

① 《严复集》第1册,第30页。
② 《劝学篇·正权》将"里勃而特"(自由)解释为"公论"。张之洞不明白的是,现代社会所需要的,正是私议,而非公论。
③ 严复1913年竟在报上撰文:《论国会议员须有士君子之风》。由此题目便可见他的不合时宜。
④ 《新政真诠——何启、胡礼垣集》,第399页。
⑤ 《新政真诠——何启、胡礼垣集》,第400页。

之洞关于议院之开设的分歧的真正意义在于：张之洞以士君子之教育为现代政治之先决条件，而何启、胡礼垣以为，议院之开设原本就是为了突破这种教育。他们的根本分歧不在制度，而在文化或人心。

何启、胡礼垣的具体政治的设计，似乎都未脱离儒家政治的传统轨道，而他们的观念，也未超出儒学思想史，但是，他们还是达到了两个决定性的结论：其一，颠覆了体与用的传统秩序："体用不二"，不是为了使"用"符合"体"，而是要用"用"来推翻"体"；其二，颠覆了儒家重学的传统。儒家一贯主张，始于学，而〔或能〕终于政。学求诸己，不必求诸人；学之能否终于政，则视外部之条件。张之洞作《劝学篇》，言政始于学，无疑是儒家传统的体现。[①]《劝学篇》分内、外两篇，"内篇务本，以正人心；外篇务通，以开风气"，正合乎始于学、终于政的次第。[②]相反，何启、胡礼垣认为，学应视人而变，人应视用而变，也就是，始于政，终于学。因此，传统儒家的"学本论"便成为中国进步的阻碍。何、胡二人的思想在某种程度上预示了20世纪中国颇为流行的"反智主义"：愈学愈无能于应付世事。自此而后，学人将愈来愈无法像传统儒者，

---

① 儒家经籍，往往以论学开篇，如《论语》以《学而》、《荀子》以《劝学》、《法言》以《学行》、《潜夫论》以《赞学》、《中论》以《治学》，各为其首篇。
② 晚清著名思想家王韬有《弢园文录外编》存世，他自称也曾著有《弢园文录内编》，该书"多言性理学术"，只是"辛酉冬间溺于水，一字无存"。（见朱维铮《求索真文明：晚清学术史论》，上海古籍出版社1996年版，第103—104页）有外编则不能无内编，否则无异于有末而无本，有终而无始。

或舍或用，或出或处，或显或隐，无论如何，皆能安贫乐道。相反，现代学人将始终为自己的无能、无用而惭愧，他们将以民众为师，学习生活之争竞之道。以学为体的儒者，作为一个阶层，将退出历史舞台，因为不是"学"决定了用或不用，而是"用"决定了学或不学。

由此可见，"中体西用论"并不意味着排斥西方、固守传统，而是主张古典的学用观——不论是中国的古典，还是西方的古典。"中体西用论"的关键不在别中西，而在判古今——虽然人们长期误将中西认作古今。而何启、胡礼垣通过对"中体西用论"的批评，则向现代政治迈出了关键一步。无怪乎梁启超认为，《〈劝学篇〉书后》之"排中国文明之阻力，其功不在禹下"。①

三

上节我们已指出，何启、胡礼垣对"中学为体，西学为用"的批评，其所依据的思想资源——理学的"体用不二"、心学的"易简之道"，看似没有超出儒学思想源流，却迈出了走向现代政治的关键一步，原因是什么呢？儒家历来采用"儒体外用"模式吸纳新的、相异的思想资源，先秦的道、墨、法、阴阳乃至兵家，为儒家所用，于是有了汉儒；魏晋以来的释家，也为儒家所用，于是有了宋儒。儒家向来对纯乎又纯、逻辑彻

---

① 梁启超：《自由书》，载《饮冰室文集》点校本第4集，第2254页。

底的理论体系不感兴趣，它只是通过牢牢把握住人的自然（所谓"本"），同时吸纳各种不同的外来元素，以究天人，通古今。晚清"中体西用论"，不过是这一传统模式的最后形态。因此，儒学源流中向来不乏非儒学因素，只是这些因素被一统于儒学之本，于是不再成为"异"。到近代，"本"一旦丧失，人们才发现，传统中，包括儒学传统中，竟然有许多异质性成分：西方性的、现代性的甚至后现代性的要素。这些被融入的曾经的外来元素被作独立的、单独的，亦即脱离了儒家之本体的使用，就真正成为一种异己要素。何启、胡礼垣对"体用不二"和"易简之道"的使用，就是这种现象的一个实例。儒家思想中的这两种构成要素，一旦离开了根本，就很容易为某种类似的西方观念所替代。

譬如，在上一节所讨论的何启、胡礼垣对"中学为体，西学为用"的诸批评文本中，有一个重要段落尚未提及，这一段落对我们理解中国传统体用观向西方形而上学式观念转变具有重要价值，它出现在《新政安行》一文中：

> 本末者，事之始终也。指一事之全者而言，谓其有是本，因而有是末也，非指二事之散者而言，谓其本在此，其末在彼也，本末有先后而无不同也。其本有嘉禾，则其末必不为稂莠。其本为稂莠，则其末必不为嘉禾。体用者身之全量也，指一身之完者而言，谓其有是体，因而有是用也，非指二物之异者而言，谓其体各为体，用各为用也，体用有内外而无不同也。其体为羽翼，其用则为冲

天；其体为鳞甲，则其用为伏地。[①]

"体用不二"论可以被看作源出儒学传统，但是，一旦脱离了儒学的本末观，而成为对事物性质的一般认识，便具有了西方式形而上学的特质。这里是把体用论看作对一实体而非对诸事物的关系而言的，一物就是一物，一物有一物的本末、体用、内外、始终。这种思维方式是非儒学的。儒学所讲的体用、本末、内外、始终，指的是诸事物之间的关系，而这里，却产生了一种独立于他物的抽象此物的观念，本末、体用、内外、始终，都针对一事物之整体，被理解为该事物的潜能与实现、本质与表现、结构与功能。所谓"体用一源"，就是体有怎样的性质或结构，用就有怎样的能力与功用。在这一视角下，此体而有彼用，此用而有彼体，自然就不能成立。所以，

> 泰西之学之有是末也，由其有是本也。泰西之才有是用也，由其有是体也。是故富强非末也，借曰末矣，亦必其先有是本然后乃有是末也。富强非用也，借曰用矣，亦必其先有是体然后乃有是用也。无富强之本，则纵使其学极高，亦不能为富强。无富强之体，纵使其才极美，亦不能得富强也。本小则末亦小，本大则末亦大，体弱则用亦弱，体强则用亦强。……是故末非所虑也，所虑者本也，所虑者本之小也。用非所忧也，所忧者体也，所忧者体之

---

① 《新政真诠——何启、胡礼垣集》，第301页。

弱也。①

　　既然一物有一物之本末、体用，那么，即便泰西之学与泰西之富强亦不再是体与用的关系。学有学的本末、体用，富强亦有富强的本末、体用。而在上节中，我们指出，儒家所谓的"体"与"用"，实质是两个不同而又彼此相关的实践领域，这种理解颇类似于西方对沉思生活与行动生活的古典式理解；而在这里的"体用不二"论中，"体"与"用"的关系变成了某一事物或人的性质与其展开（或表现）的关系。"体"与"用"被认为结合于同一事物或活动之中。上节中，我们还提到，倘若主张有是体即有是用，那么，在必然要达到某种功用的前提下，体就不得不跟着改变。在本段引文中，这一意图已极为显豁。既有的体用论，无论冯桂芬的主辅论、王韬的道器论、郑观应的本末论，都将富强视作服务于中国纲常名教、不易之道的手段，而在这里，富强直接被当作体，当作了目的。

　　如若"用"被理解为"功用"，"体"被视作某物的性质或结构，那么，"用"一旦成为目的，事物的结构或活动的方式就要随功用而变。这一转换，体现在引文所举的例子：羽翼或鳞甲仅仅服务于冲天或伏地，倘离开了目的，羽翼或鳞甲的存在便无意义。换言之，体是为了用的，没有了用，体的存在便无意义。这样的体用观，实质是结构—功能论的。

　　在儒家体用观中，"体"原本指人的合乎本性的生活，亦

---

① 《新政真诠——何启、胡礼垣集》，第301—302页。

即儒家所谓的伦理生活。在真实生活中，关系或活动，凝固为生活之轨道：仪式，制度，或器物，借此以利于人返归合乎自然的生活，"用"就是这些工具。体是生活本身，用仅仅为一种抽象。体变动不居，却又恒常不变；用则凝固从而因时而变，合乎自然的生活是变的目的。因此，儒家以为，世上无不变之法，但有不变之道。一切变都只是对合乎自然的生活的复返和回归。何启、胡礼垣对这一传统当然很清楚，因此才将"为政之体"称作"复古七项"。所谓"古"，在前历史哲学的时代，不是指"过去"，而是指不受时间之流变制约的"恒常"。学为的是体会恒常的不变之道，唯能体会不变之道，才有可能懂得变易之道。故而孔子以能"温故而知新"者为师。古典的得人之道，就是择取能体会这不变之道者。

"体用不二"论则相反，它要求人的自然生活为顺应某一种非自然的目的（譬如，救亡图存）而改变。必然的并非自然的。富强是一种必然，而非自然。以必然的东西而为自然，是现代性的开端。

这里我们窥见在世界不同区域先后展开的现代性其实做着相同的一件事情：通过必然性，抽去生活的自然本体，使得用的诸多方面（礼法、习俗、制度、器物）成为丧失其本体的历史性存在。只有在这种情况下，哲学的文化本质主义和政治的文化民族主义才会出现。"体"才不再被看作自然之"一"，而是历史之"多"。依据自然而生活，变成了依据历史潮流而生活。

在这一背景下，被习惯于作文化本质主义理解的严复的体用论方能得到理解。严复的牛体马体论，从字面意义看，并未超出何启、胡礼垣所表述的"体用不二"观，尽管其影响远胜于后者。这段话出自1902年的《与〈外交报〉主人书》，该文发表时间比何启、胡礼垣的《新政安行》晚四年，其主旨是批评那种认为不必习西语而只需用汉语讲西学的主张。严复原本不反对用汉语讲西学，甚至还认为"其说美矣"，他所反对的只是这种说法"发之过蚤"，倘二十年后，"所学稍富，译才渐多，而后可议以中文授诸科学"。①这似乎又是一个类似前述关于设立议院的政策性议题，但是，在看似操作性分歧的背后，则是原则的争论。严复借这个题，发挥的是他对这一主张背后的一整套观念的批评：

> 夫中国之开议学堂久矣，虽所论人殊，而总其大经，则不外中学为体，西学为用也；西政为本，而西艺为末也。主于中学，以西学辅其不足也；最后而有大报学在普通，不在语言之说。②

在严复看来，"学在普遍，不在语言之说"（以汉语讲西学）不过是有关中西之"体用""本末""主辅"论的自然产物。他指出：

> 体用者，即一物而言之也。有牛之体，则有负重之

---

① 《严复集》第3册，第561—563页。
② 《严复集》第3册，第558页。

用；有马之体，则有致远之用。未闻以牛为体，以马为用者也。中西学之为异也，如其种人之面目然，不可强谓似也。故中学有中学之体用，西学有西学之体用，分之则并立，合之则两亡。①

这一段话，人们很熟悉，但其涵义尚有进一步讨论的余地。长期以来，一提中体西用论，人们往往认为这是一种文化本质主义的表述，持此论者固守中国旧有传统，对西方文化持拒斥态度，然而，严复的这两段文字恰恰表明，这种理解是错误的。中体西用论者倒是认为"学在普通，不在语言"，而被后人认为对西方持开放态度的严复的"西体西用论"，反倒是持一种文化本质主义的立场。因为既主张"体用不二"，反对文化可以零售，把中学和西学各看作彼此独立的体用一致的整体，那么，在实践中的结果自然是：要么全盘西化，要么全盘中化，两者无法调和，无中间道路可走。②

尽管从体用关系来看，严复的表述并未超出何启、胡礼垣在《新政安行》中的"体用本末皆指一事之全者"的见解，同时，与何启、胡礼垣一样，他也认为致力于孔孟经义反使人愚弱，仅仅设学堂讲西学而保留旧学依然无济于事。但是，不同于后者以为仅靠"易简之道"而不必靠"学"以体会圣人之心的主张，严复坚持"以学为本"，那么，他所指的学，只能是西

① 《严复集》第3册，第558—559页。
② "五四运动"激进反传统是这一理论的实践结果，是对"体用分离论"和"中体西用论"批判的完成。参见《费孝通文集》卷11，群言出版社1999年版，第340页。

学——不是西方古典之学，而是现代实证科学。①

将严复归入"西体西用"论者，是有相当的依据的。这似乎也表明严复（至少在其所谓前期）比张之洞要来得进步，但是，如果仅仅这样来看，将会错失最根本且最重要的问题。其实，在这个问题上，严复本人的态度要复杂得多。细读《与〈外交报〉主人书》，可以看出其中许多的犹豫和曲折。因为，如若中体、西体之差异就像人种面目的差异那般自然，那么，中国人能否西体西用，或许只能行中之体，正如西方人也只能行西之体呢——否则，如此自然的差异就不复存在了？

在19世纪后期的欧洲，文化本质主义正在向种族本质主义演变，因为前者对于民族国家自我认同的支撑，似乎不及种族本质主义。文化本质主义尽管一般被认为是对本民族传统文化的固守，但是，它也完全可以成为彻底抛弃本族传统文化而全盘外化的理论根据——而在中国近代，这一文化本质主义的最初提出，恰恰是在后者的意义上的。但这实有违文化本质主义提出者的初衷。全盘外化是一种救亡图存的策略，但这种策略本身，又会导致民族国家自我认同的危机——自我认同正是现代

① 甲午之后，严复力主"以西学为体，以西学为用"，认为对中国当前的危机，中学难辞其责。（《严复集》第1册，第53—54页）朱维铮先生认为，张之洞《劝学篇》主要针对的是严复1895年以来发表于《直报》后又为《时务报》所转载的一系列文章，只是捎带及于康、梁。（朱维铮：《走出中世纪二集》，复旦大学出版社2008年版，第182页）从《劝学篇》内容看，这一说法是有解释力的。严复在《原强》一文中通过对斯宾塞的《劝学篇》（严复以"劝学篇"之名翻译了斯宾塞《社会学研究》的第一章）的介绍，提出了完整的西学教育规划，这个规划大体脱胎于孔德、斯宾塞的实证哲学体系：从数学、名学、力学、质学入手，经天学、地学、生学，最后到达群学。（《严复集》第1册，第24—26页）《原强》构建了一个"西体西用"的体系，而《救亡决论》一文几乎就是对中学的总批判。

国家建设中的核心要素。这些困惑完全呈现于严复这篇文章之中。在分别批驳"体用""本末""主辅"三论之后，严复写了如下这段话：

> 然则今之教育，将尽去吾国之旧，以谋西人之新欤？……不知是乃经百世圣哲所创垂，累朝变动所淘汰，设其去之，则其民之特性亡，而所谓新者从以不固……必将阔视远想，统新故而视其通，苞中外而计其全，而后得之，其为事之难如此。①

严复这里的意思是，不能尽去中学，以谋西学，否则，"民之特性"便不复存在，此其一。这透露了严复"西体西用"的本意：全盘西化论不过是一个策略，决不能以"民之特性"的丧失作为代价。于是就有了其二，要"统新故而视其通，苞中外而计其全"。意即中西、新故兼该。但这与"分之则并立，合之则两亡"的说法岂不矛盾？

对此，严复很明白，但他置之不理，接着说：

> 继自今，凡可以瘉愚者，将竭力尽气鞭手茧足以求之。惟求之能得，不暇问其中若西也，不必计其新若故也。有一道于此，致吾于愚矣，且由愚而得贫弱，虽出于父祖之亲，君师之严，犹将弃之，等而下焉者无论已。有

---

① 《严复集》第3册，第560页。

一道于此，足以瘳愚矣，且由是而疗贫起弱焉，虽出于夷狄禽兽，犹将师之，等而上焉者无论已。[①]

对于既要"去旧"又要"存旧"的矛盾，严复的回答是："不暇问其中若西也，不必计其新若故也。"只要能瘳愚、疗贫、起弱，虽出于夷狄禽兽，犹将师之，若不能，虽出于父祖之亲，君师之严，犹将弃之。以后来的话讲，这是"救亡压倒一切"；以何启、胡礼垣的话来说，就是"借用为体"。在这里，严复显然无意于，也无能于理论上的深究。

对现代性的认同需要逼迫，逼得愈紧，现代性得愈彻底。陷于意大利乱局中的马基雅维里于西方政治理论传统中首倡以用代体、借用为体的思想，国家之"体"不是什么更高的东西，就是它的生存，这就是国家理性。国家，无论如何存在，只要存在就行，哪怕这个国家是一个无灵魂的国家，一个纯粹的器用综合体，一种被制造的，却又是仅仅为了自我维持的政治存在物。写下上述文字的严复，俨然是一个崇尚国家理性的马基雅维里主义者。

然而，严复毕竟不是写作《君主论》的马基雅维里，尽管他有病急乱投医的时候，有发急发狠的时候。他与几乎没有受到太多的中学教育的何启也不同。严复渴望保持住那个高于国家的"体"，但是，他的修辞策略是证明这个"体"的"用"：国家不仅要有强健的肌体（富强），而且要有灵魂（民之特

---

① 《严复集》第3册，第560页。

性）。如若失了"民之特性"，遑论富强，连成为一个国家都不可能。借体为用来论证"体"的必要性。近代以来，凡不忍彻底抛弃道体者，或许都不得不行此策略：证明它的有用性。

在更早的另一篇文章（写于1895年的《原富》）中，严复交代了他的考虑。他设想了两种状况，一种是法不变，只是"督责之令行，刺举之政兴"，即加强监督问责、刺探检举，其结果是："如是而为之十年，吾决知中国之贫与弱犹自若也。"第二种是"非西洋莫与师"，就是全盘西化，其结果是："十年以往，吾恐其效将不止贫与弱而止也。"维持原状，止于贫弱；全盘西化，贫弱不止。因为，"苟民力已荼，民智已卑，民德已薄，虽有富强之政，莫之能行"。①维持原状，民虽弱，但"民之特性"未必尽失；全盘西化，"民之特性"则荡然无存。若以严复1913年的概念，那么，止于贫弱，亡国而已；而"民之特性"之丧失，则亡天下。在亡国与亡天下之间，在保国与保教之间，严复游移不定。

长期以来，流行的说法是，晚年严复沦落为保守派，提倡尊孔读经。其实，诚如上述，严复在早年和中年，都有其所谓"保守"的一面。而在《与〈外交报〉主人书》这个一向被视为对全盘西化论有重大影响的文本中，严复也指出"百世圣哲所创垂，累朝变动所淘汰，设其去之，则其民之特性亡，而所谓新者从以不固"这一问题。而数年之后，严复在一次演说②中再次提出一项教育规划：以习字、画画开蒙，继之以物理、

① 《严复集》第1册，第25—26页。
② 具体时间不可考，但不会晚于1911年。见《严复集》第2册，第278页注。

算学、历史、舆地，再经学（包括小学）和国文（此系七八岁到十四五岁的科目），然后再学西文。①比较《原强》中的"劝学"纲领，在这个规划中，豁然出现了经学与国文的科目。

在严复从早期到晚期的作品中，一个主题一以贯之，这就是：国性。1895年的《原强》中该主题被表述为"民力、民智、民德"，1903年的《与〈外交报〉主人书》中被表述为"民之特性"，1913年则以"国性"的概念出现。"保守"的一面，贯穿于严复思想的始终。严复深知，这恰恰是现代国家必不可少的核心部分，而这一部分就保留在圣人垂诸后世的经典之中。1913年，严复作了题为《读经当积极提倡》的演说，其中讲道："大凡一国存立，必以其国性为之基。国性各各不同，而皆成于特别之教化，往往经数千年之渐摩浸渍，而后大著。但其国性长存，则虽被他种之制服，其国其天下尚非真亡。"中国历数千年，"不若罗马、希腊、波斯各天下之云散烟消，泯然俱亡者，岂非恃孔子之教化为之耶！"②孔子之教化，存于儒家经典，故读经涉及一国之国性的保存：

> 中国之所以为中国者，以经为之本原。乃至世变大异，革故鼎新之秋，似可以尽反古昔矣；然其宗旨大义，亦必求之于经而有所合，而后反之人心而安，始有以号召天下。……人之所以成人，国之所以为国，天下之所以为

---

① 《严复集》第2册，第285页。
② 《严复集》第2册，第330页。

天下，则舍求群经之中，莫有合者。[①]

如果将传统与现代简单对立，以为要制造现代国家，就要尽去传统，那么，严复晚年不仅保守，而且反动。但是，问题远非如此简单。现代国家的基础，恰恰与传统有关；现代国家的制造，需要两种材料，一种是现代知识，故需引进西学，一种是自身传统，为的是要确立"国性"——虽然对非西方国家来说，这二者常常是彼此龃龉的。

严复了解现代。正因了解现代，所以保守。如果将国性看作是现代国家的自我认同所必不可少的国家要素的话，那么，保守的严复比现代国家的单纯崇拜者、比抽象的普世论者反而更为现代。有人曾以"先人而新，后人而旧"一语赋予张之洞[②]，其实，严复又何尝不是这样呢？他们的一新一旧，难道不正是基于现代国家的既新又旧的双重特性吗？欧克肖特说：

> 政治危机（甚至当它似乎是由它无法控制的变化强加给一个社会时）始终出现在一个政治活动传统中；"拯救"来自未被削弱的传统本身的资源。那些在变动的环境中仍对它们自己的同一性和延续性保持一种鲜活感觉的社会（它们并不憎恨自己的经验以致要消除它）应该算是幸运的，不是因为它们有别人缺乏的东西，而是因为它们已

---

① 《严复集》第2册，第331页。
② 《张文襄公事略》，《清代野史》第6辑，巴蜀书社1988年版，第98页。

经动员了无人不相干，事实上所有人都依靠的东西。①

守旧是对"同一性"和"延续性"保持一种鲜活感觉，以维持"拯救"的力量。当后来的西化论者打算去中学，以存中国的时候，不正将存中国的最大的力量抛弃了吗？欧克肖特是一位保守主义者。保守主义属于现代国家，保守主义者不属于过去。

严复呢，他是一位保守主义者吗？倘若严复将"百世圣哲所创垂"的传统仅仅视作现代国家之核心元素，假如他仅仅将这"体"作现代国家之"用"，那么，他就不过是一位现代的保守主义者。或许严复是一个现代的文化本质主义者，一个政治的文化民族主义者？但是，或许严复不止于此，因为他说：

> 彼西人之成俗为国，固不必则吾之古，称吾之先，然其意事必与吾之经法暗合，而后可以利行，可以久大。盖经之道大而精有如此者。②

在他看来，经所载之道，依然普遍而永恒（"彼西人之俗"与"吾之经法"暗合）；国家之形态，无论古今，无论中西，都不过随时而变的器用，倘合乎道，或能久大，但终究不能永恒。只有道才永恒不变。道就体现于圣人所创垂的经典之

---

① 欧克肖特：《政治中的理性主义》，张汝伦译，上海译文出版社2003年版，第51页。
② 《严复集》第2册，第331页。

中，亦即体现于中学之中。严复晚年，不变之道、以经为本，这样一些从龚自珍、魏源至张之洞的晚清变法家们最常使用的概念，又反复出现于笔下。这一位中体西用论的最著名的批评者，最终回归了他所批评的东西，只是因为，"经之道大而精有如此者"。

古今之维：政治思想史研究的方法论反思*

> "研究社会科学，首要的是方法论问题。"

> ——陈其人①

政治思想史研究在今天中国的政治学学科里始终门庭冷落，个中原因很复杂。譬如，因为缺乏现实性——有人认为，离现实愈远，愈不具有现实性；或者，反过来，因为太有现实性——古可以为今用、洋可以为中用，只是这些或"古"或"洋"的思想，在"为我所用"时，总像无法彻底驯服的野马，以至于这个领域成为流弹飞矢充斥的秘密战争的战场，而此一领域的研究者，是最容易躺枪的。②

从本文主题即方法论角度来看，政治思想史研究似乎是政

---

* 本文原为2018年5月29日在上海社科院的演讲稿，作者修订扩充后刊于《寻访马克思》（《复旦政治哲学评论》第10辑），上海人民出版社2018年版。收入本书时又作若干修改。

① 《执政的逻辑：政党、国家与社会》（《复旦政治学评论》第3辑），上海辞书出版社2005年版，第232页。
② "躺枪"的传统说法，便是"歪打正着"。

治学学科中最后一块未曾完全科学化的飞地。它的存在，大概就像今日上海陆家嘴林立的摩天大楼群落里的一座民国时代的青砖瓦房，是因为多少还有一些文物价值。本文试图从方法论角度，谈一谈传统政治思想与现代政治科学的差异，亚里士多德的《政治学》将为这里的讨论提供一些具体的例证。

一

首先，笔者并不认为，存在着一种可以用之于各种研究对象的一般的、普遍的科学方法。尽管后面这种看法，很合于现代社会科学的方法论主义取向。这种方法论主义主张，存在着一种对譬如政治思想史的一般研究方法，而各种具体的思想，不过是它的特殊对象，是对它的具体适用，这种一般方法，既先于具体的研究对象，又与特定对象不存在实质相关性。它被认为是超历史的——尽管它也在某个历史阶段出现；它又是科学的——即只有它达到了科学性，而在它之前的作为它的研究对象的各种思想，在科学性上多少是欠缺的。

这种立场今天很普遍。今天所谓的科学研究，就是将一般的科学方法，用之于所欲研究的具体问题、具体对象。①

---

① 有人把我们这个时代，称作方法论中心主义的时代。这种方法论中心主义认为，科学研究之所以为"科学"，首先在于研究方法的科学性。所谓科学方法，一方面涉及相关材料的搜集／制造和处理／分析的一套程序：通过这套程序，研究者获得有关事实的"真相"；另一方面，有关概念和命题的思考，还需要一套思考的规则，即逻辑法则：通过这套法则，研究者得以确定有关逻辑的"真理"。科学方法，就是这样一种以中立的态度探索经验事实的真相或寻求逻辑真理的普遍程序。

但是，以这种思想方法，用于之前的尤其是古代思想的研究时，很难不产生一些抵牾。因为，传统政治学，尤其古典政治学，并不特别追求一种普遍的、一般的科学方法，相反，它以为，研究方法很大程度上依赖于所研究的问题或对象自身的性质，确切地说，方法是由对象本身给出的。如欲研究亚里士多德《政治学》，传统的做法，是须先读《政治学》，研究方法蕴藏于《政治学》之中。换言之，对某思想家的思想的研究方法，很大程度上来自思想家本人对思想方法的理解。在研究之前，并不预先存在一种放诸四海而皆准的方法。只有理解了研究对象的思想方法，或者说，理解了他是怎么思想的，才能确定应该怎么研究他。因此，一般地说，并没有一种超出思想史研究的具体对象的一般方法。

现代思想通常被认为以洞察特定思想自身的历史语境性和内含的权力本性见长，但是，它并不把这种洞察方法本身放诸历史情境之中，而认为它具有超时代的科学性。现代思想又强调思想的实际应用性，但是，它在根本上反对言与行之间的内在关联。相反，古典思想追求永恒不变的真理，却无时无刻不忘如何在具体情境中予以落实。古代学派的差异，是作为其基础的生活方式的差异：有一种学说，就有一种生活。它虽然不像现代思想那样强调实用性，却主张身体力行才是学说的基础。现代思想学派纷呈，却大多停留于辞藻层面，至于生活方式的差异，则是难以被容忍的；只有在那些尚未充分现代化的社会，其思想与行动之间还保留着某种"野蛮"的关联，从而思想还需要被"野蛮"地对待。现代社会以能包容多样性和差异性自诩，却以生活的高度同质性为条件——相比之下，古代生活倒更有差异性，且容忍这些差异。

现代社会的多样性和差异性，只是一种表象，确切地说，这只是一种杂多性。它的杂多性是现代社会科学将定量研究作为其研究方法之核心的原因所在。量化研究，如同用货币衡量一切商品的价值从而抹杀了商品的使用价值即质的差别一样，在它的视域中，人或事物的一切质的差别也消失了。因为无质的差别，只需数量上的比较、分类或管理。以定量分析方法为主的现代社会科学，其前提性假设是现代人生活的高度同质化，无视乃至抹杀人的活动的质的区别，旨在实现社会生活的均质化。

将每一个具体个人抽象化为一个均质化的单位，是为了便于对人的管理和控制：数目字上的管理是高效的。它所推崇的实地调查，也未必是深入社会和人的生活的基础，而是止步于其枝节，将其量化——能量化的从来都只是枝节——以获得量化数据，从而便于管理和控制。社会科学正是将此权力控制视作科学的目标，且对此采取一种完全非反思的认同。现代社会科学在一方面满足于作为权力控制之工具的同时，另一方面则将任何——如同古代学术，或延续古代传统的——对生活方式、生活意义的探求，视作从科学角度而言的非法学术。马克斯·韦伯被视作现代社会科学之父，正是因为他的如下立场：科学已经无能于面对生活之目的和意义之类的根本问题，只能自限于对枝节或手段问题的研究。于是，生活的目的问题，或者，人的生活的基础问题，成了科学研究的禁区，被判定为非科学。

现代社会科学宣布，一切关于生活的本质或意义的追问，至少从科学的角度看，都是无意义的。

耐人寻味的是，正是在社会科学明确宣称无能于判定权力斗争之目的和性质，并对此取不闻不问的态度而自限于作为权力之工具时，人类权力斗争的力度、残酷性，可谓有史以来登峰造极。科学或知识，名正言顺地成为权力的奴婢，且将这种对奴婢地位的自居定义为科学。至于后来的学院派，竟然认为这种科学研究具有相对于权力的独立性，则不仅昧于对韦伯科学观的理解，而且有悖于韦伯所主张的理智上的诚实。

不是回到生活的本然状态，而是使之成为人为可控的，是方法论中心主义的本质。现代社会科学，把科学与否，仅仅建立于可观察的和可由经验验证的事实以及形式逻辑的法则之上，将以生活实践或生活方式为基础的古代学说，视作非理性、非科学的。但是，这并不意味着现代社会科学独立于现代生活。事实上，没有一个时代，有如"启蒙"之后的现代人，其知识或科学如此紧密地附着于现代生活。只是这种现代生活将与之相异的生活形态及其学说，视作若不是非理性的，便是落后的，认为社会科学只能用于对现代生活的维护和证明，而非对其基础的反思。它用"非科学""无意义"等判定，杜绝了从思想上和学术上对现代社会之本质或基础的任何有意义的、真正科学的反思。

事实上，为了变得"科学"，现代社会科学放弃了对价值和意义问题的探究。在它看来，关于不同生活方式的一切看法，都是主观的，无法被建立于所谓科学程序之上的科学研究所论证。放弃了对根本之追问的社会科学，在今人看来，似乎实现了所谓科学研究的客观性。这种科学研究方法如今被视作客观的、普遍的、无价值立场的，声称不倾向于任何特定人群或特殊利益，可以为所有人使用。任何人只要采取同样的科学程序，都可以得到同样的结论。就像几何学公理及其推理法则一样，是不偏不倚的、中立的。

但是，它可以被视作客观的、价值中立的、普遍的，恰恰是因为，它不再着眼于人的生命的基底，放弃了对善和美的直观。它不过是制作文字的流程，这一流程受到权力的控制，被严禁思及最根本的美、善的问题。对于实践生活领域，它听任权力的宰制。它还时刻提防"无教养"的心智、"非学术"的思想触及这一领域。现代社会科学作为一种工具，目的是维护权力者的主观意愿，而非质疑或反思它。它的"客观性"是漂浮于水之表面的人造浮沫，它的研究与其说揭示了真实，毋宁说遮蔽了真实。它通过一般地声称对生活意义和目的的判定的非法，从而排斥了从科学的角度质疑真实生活的可能性。

事实证明，现代社会科学比任何一种意识形态更好用、更受欢迎。意识形态在涉及所要辩护的根本或基础时，无形中将它们暴露出来，置于争论之中。而且，意识形态宣传更易引发对那些原本被用来缘饰权力的辞藻的"当真信仰"，而对这一后果的清除——意识形态的最大敌人，不是另一种意识形态，甚至不是敌对的意识形态，而是将此意识形态当真的人——往往使该意识形态名誉扫地。现代社会科学则无此弊病。因为，现代社会科学不言及权力的基础，诚可谓很好地做到了"食肉不食马肝，不为不知味"。

社会科学是把思想理解为权力意志的体现的现代精神的真正完成：即，它尽管不再在理论层面上作如是之自我理解，却在实践层面上成为权力的工具。自然科学率先因其工具性而获得权力的认可，社会科学则通过自身的自然科学化随之受到认可。它在根本上放弃了对基础的认识，甚至，它自觉认可一种浮于表面的无根基的生活。[①]准确地说，它把不涉及根基当真地当作了无根基，在此意义上，它成为现代虚无主义的无根基生活的"意识形态"，也就是，纯粹的统治工具。它是超出于一切意识形态争论的至高无上的政治正确，从而最终可以适用于无论"左"还是"右"、无论民主还是专制、无论自由还是独裁的各种权力。[②]

社会科学观念，对传统政治思想的研究，构成巨大冲击。传统政治思想的研究，是对不同观念、立场和学说的"估价"，这是一种基础性的研究。但是，在现代社会科学视野下，各种观念、立场和学说，被看作一些主观性的独断看法，科学研究无法对其评价。比如，关于"民主"，有人讲好，有人讲坏，有人讲有条件的好，似乎都只关乎个人偏好。言辞上的论争难以争出一个是非曲直，实践中还是"以智、力相雄长"。

社会科学不站立场，在它看来，无论是民主的主张者，还是反对者，都只是站在一种无法为科学所检验的主观立场上。

---

① 这种生活的根源在于，世俗的统治利益成为压倒一切的力量。
② 社会科学不是为了塑造一种信念，而是为了塑造无信念。无信念才是现代统治的真正基础，无信念而能统治，区分了传统政治与现代政治。

他们永远在争论，从来无法达成共识。因此，作为政治思想研究对象的诸种观念或价值，呈现出一种纷繁复杂、彼此冲突、充满主观色彩的特点。而社会科学的优势在于，只需根据某一公认的科学程序进行研究，结论便可获得公认。而在思想史研究中，缺乏一种客观、普遍的科学程序和研究方法，甚至对是否可以拥有一种普遍的、中立的科学程序，都难以形成一种共识，因此，人们往往倾向于认为，传统式的研究更易为权力所操纵。相反，社会科学所说的"真"——无论是事实的"真"，还是逻辑的"真"，至少能为权力所承认——毕竟这涉及权力效能的问题。

但是，社会科学宣布意识形态争论的无意义，并非真正终结意识形态，而只是通过宣布意识形态话语的非科学性，终结科学对意识形态话语的约束。在它看来，争论只要仅仅围于主观的、非科学的、任意的、非实践的领域，就可以被容忍，允许自生自灭。这似乎并不是一件坏事。但是，科学的这种态度，的确是前所未有的，科学作为手段，愈来愈强大，但对于目的，却只能沉默。

如果说，意识形态多少还沾染了古代"遗毒"——哪怕辞藻仅仅作为权力的"缘饰"，也多少表明对这些辞藻的合法化能力的承认——那么，社会科学则意味着这些辞藻的彻底失效①，"科

---

① 辞藻的内在力量或想象力量的丧失，在欧洲盛于19世纪中叶，当时，革命大业已经完成，现代国家进入了成熟期。于是，"诗"和"哲学"终结了，社会科学的时代来临了。到21世纪的今天，言辞或辞藻已被彻底祛魅，唯有操作性语词才有其语用之义，一切与人心相关的语词，如美、善、自由、正义之类，都成了不过是一些空洞的字形或声音。

学"作为一种升级版的意识形态话语，摆脱了传统意识形态的"拖泥带水"，无须缠绕于不确定的、充满歧义的观念言辞，只需考虑权力如何运作，才能最有效达到无论何种目的。可以说，社会科学是一种后意识形态。

二

20世纪50年代，美国一些政治科学家，做了一番努力，试图从学术话语中摒弃那些无法量化的概念，如"正义""真理""美"等等，有人甚至认为"国家"概念也不合法，应该代之以"政治体系"。他们主张，只有能被还原为可观察的、最好可以被量化的命题，才是有意义的。他们的做法并不成功：倒不是因为他们理论体系内部的问题——倘若他们仅仅自说自话，完全可以实现他们想要达到的纯粹的"科学性"，只是，无论是社会生活，还是政治生活，都达不到——至少尚未达到——他们所要求的那种"科学性"。至少直到今天，大多数人还在"非科学""非理性"地生活并行动着。纯粹科学的政治科学，无法面对那些"不科学的""非理性的"人，于是碰壁了。为了理解或解释生活中的那些"非科学""非理性"部分，还得需要古老的，或落伍了的概念，如"正义"之类。看起来，对老旧的思想史研究的需要，似乎仅仅是因为人类生活的"更新"还不够彻底，这对于纯粹量化的、科学得干干净净的政治科学来说，真是一个暂时还不得不需要的"累赘"。因此，这些政治科学家的不成功，不是因为他们不"科学"，而恰恰是因为他们太"科学"，因为人尚没有被充分地标准化、理性化到完全均质的状态，而且，当人的其他欲望有了极为便利的、廉价的现代满足方法之时，唯有对权力欲这一最强烈的欲望的满足，还停留于古老的时代：现代技术和理性言辞不仅没有抑制它，而且对它还起了推波助澜的作用。

为探索真理而寻找一种可靠的、一般的出发点和方法的意识，并非20世纪才有的，而是源于西方现代早期。笛卡尔是现代方法论主义的先驱。他注重方法，《探求真理的指导原则》所列第四条原则便是："方法，对于探求事物真理是（绝对）必要的。""寻求真理而没有方法，那还不如根本别想去探求任何事物的真理。"[①]那么，什么是他所谓的"方法"呢？笛卡尔说：

> 指确定的、容易掌握的原则，凡是准确遵行这些原则的人，今后再不会把谬误当作真理，再也不会徒劳无功地瞎干一通而消耗心智，只会逐步使其学识增长不已，从而达到真正认识心智所能认识的一切事物。[②]

方法被笛卡尔视作探索真理、避免错误的一劳永逸的工具，是借此可以撬动地球的支点。笛卡尔把算术和几何视作科学探索的范本。受笛卡尔影响，现代政治科学的奠基者霍布斯也对几何学推崇备至，认为后者提供了一套有效、明确的认识方法，

---

① 笛卡尔：《探寻真理的指导原则》，管震湖译，商务印书馆1986年版，第13页。
② 笛卡尔：《探寻真理的指导原则》，第14页。

是正确思想的典范。他的第一部政治科学著作的标题《法的原理》就是对欧几里得《几何原理》的模仿。他的《论公民》和《利维坦》都盛赞几何学，譬如，《利维坦》推崇"柏拉图是最高明的希腊哲学家，他的学派就不收那些在几何方面没有一定程度的人"①，尽管他对几何学的理解与柏拉图并不相同。在《论公民》的"献辞"中，他写道：

> 几何学家在处理其领域中的问题时成就斐然。……凡是使现代世界有别于古代野蛮状态的事物，几乎都是几何学的馈赠。……对人类行动模式的认识，如果能像数字关系一般确切，普通人对权利与不公的谬见所维系的野心与贪婪，就会失去力量，人类就可以享受可靠的和平，［除了人口增长所引起的争夺地盘］人类似乎不太可能陷入战争。②

霍布斯认为，如果把关于人性的见解当作几何学公理，作为推论的出发点，那么，关于国家状态和政治生活的一系列原理就都可以依几何学方法准确无误、令人信服地推演出来。在他看来，公民哲学可以成为与几何学具有相同精确性的可证明的科学。

不论霍布斯对几何学方法的理解是否恰当，他至少揭示了这样一种古今之变：方法成为科学的前提和基础。而方法之所

---

① 霍布斯：《利维坦》，黎思复、黎廷弼译，商务印书馆1985年版，第541页。
② 霍布斯：《论公民》，应星、冯克利译，贵州人民出版社2003年版，第3页。

以重要，乃在于它与建造或制作这一技艺活动密切相关：几何学是用来建造房屋的科学方法；政治学是用来建造国家的科学方法。科学在霍布斯这里限于作为制作或建造的方法，于是，与制作无关的古人认为更重要的两种活动——沉思（哲学）和公民实践（政治）——被他从科学中排斥出去了。

从笛卡尔发端，包括霍布斯在内的一直到黑格尔和马克思的欧陆理性主义传统，今天大部分政治科学家已不承认是科学。尽管现代社会科学离不开笛卡尔开创的现代哲学传统，但是，在只有能被还原为可观察命题且只有能被量化的"数据"才被承认为"事实"的今天，他们的"科学"概念也显得落伍了。[①] 在现代社会科学家看来，哲学家哪怕专讲方法论，也不如实验室的科学家更了解科学方法。

相较而言，在西方早期现代的政治思想家中，比较接近于今天政治科学的一个人，是马基雅维里。马基雅维里也被冠以"现代政治科学"的奠基者的头衔，这多少与他在《君主论》第15章中的一段话有关：

> 我觉得最好论述一下事物在实际上的真实情况，而不是论述事物的想象方面。许多人曾经幻想那些从来没有人见过或者知道在实际上存在过的共和国和君主国。可是人们实际上怎样生活同人们应当怎样生活，其距离是如此之大，以至一个人要是为了应该怎样办而把实际上是怎么回

---

① 霍布斯尽管强调逻辑演绎，但是，他的"自然状态"概念和"人性"概念，还是没有摆脱"想象"。

事置诸脑后，那么他不但不能保存自己，反而会导致自我
毁灭。①

这段话后来被普遍化为一条一般的方法论原则。其实，这段话
有自己的语境和明确的针对性："对于那些通晓它的人是有用的
东西。"对哪些人来说，通晓它是有用的？"君主"，置身于殊死
斗争中的"君主"。那些人，倘要巩固自己的地位，劫夺、维持
和扩张自己的权力，就得根据马基雅维里所提出的这一方法论
原则来认知事物。②用通俗的话来讲就是，他们得学坏。不坏，
他们会死得很惨。因此，马基雅维里的这一原则，不是指一种
一般的认知方法，而是指一种在特殊的生存状态之下的特殊的
认知态度或者生活态度。这段话在现代社会科学中被一般化
了。这或许表明了，在现代社会中，殊死斗争成为一种普遍状
态，因而人人都必须学坏。但这属于后人的主张，不属于马基
雅维里。

　　那么，是否可以撇开马基雅维里此语的具体语境，将其视
作一个普遍的"真"命题呢？根据该命题本身所主张的原则，
它的真伪需要"事实"或"实践"的检验。马基雅维里的《君
主论》似乎贯彻了第15章的这一原则：他每一主张的提出，都

① 马基雅维里：《君主论》，潘汉典译，商务印书馆1985年版，第73页。
② 在《论李维》中，马基雅维里写道：新君主维护其权力的"手段极为残
　忍，与任何生活方式相悖，不但忤逆基督教，而且有违人性，任何人都惟
　恐避之不及，宁肯做一介平民，也不愿做这种戕害世人的国君。但是，那
　些不想走良善之道的人，如果他想自保，就必须作恶。"（马基雅维里：《论
　李维》卷1章26，冯克利译，上海人民出版社2005年版，第116页。）可见，
　马基雅维里并不将此种类型的生活视作常态。

有历史的或当代的事实为证。但是，人们注意到，唯独在提出这一原则的第15章，马基雅维里没有举出任何证明性的事实！换言之，这一要求一切都从"事物在实际上的真实情况"，而非从"事物的想象方面"出发的原则本身，未必是以"事物在实际上的真实情况"为基础的。这很有意思。马里坦在反驳那些主张"凡无法还原为可观察命题的命题都无意义"时说，这个命题本身就无法还原为可观察命题。马基雅维里好像做了类似于马里坦的事，只不过主张的是他，反对的也是他：大张旗鼓地主张，静悄悄地反对。当然，与所有情况类似，人们所能理解的，往往是生活所要求于他们的。权力者听进了马基雅维里大张旗鼓的主张，忽略了他的静悄悄的反对，正如马基雅维里所预料的：这公开的声明，表明他们之不善，他们之学坏，是合理的，至少出于不得已。权力者是多么热爱马基雅维里啊！马基雅维里使权力者的行为正当化了，成为科学。[1]现代政治思想传统由此起步，不知是人类之幸，还是不幸。

马基雅维里认为，统治者只有"下降到"畜生的水准，即成为狮子和狐狸，才能自保和扩权。但是，不同于古代政治人们在斗兽场上争斗而民众在边上围观，在现代政治中，政治人更愿意扑到观众席上去咬人。[2]换言之，当政治人们向根本无意

---

[1]　查理五世反复研读《君主论》，凯瑟琳·德·美第奇将其带至法国，法王亨利三世、四世临终时还带着它，法国重臣黎塞留赞美它，奥伦治的威廉将它放在枕下。（威尔·杜兰：《文艺复兴》，东方出版社2003年版，第719页）与其说这是因为马基雅维里教会了他们权谋，毋宁说是因为马基雅维里使他们心安理得。

[2]　这一转换的关键，是霍布斯。霍布斯将马基雅维里的君主与君主斗的特殊生存状态予以普遍化，变成了人人斗的"自然状态"。尽管霍布斯（转下页）

争权夺利的普通人秘密宣战，以遂其战斗欲时，当权力者占有着绝对优势条件——无限的资源、令人难以理解的高科技、组织和制度上的一切便利——的时候，学会像畜生一样生活（狮子或狐狸的本事），或者，下降为畜生，对一般人或许也是必要的，也是不得不然的。在这种社会中，一个人如果还挣扎着想像人那样生活着，那会死得很惨！或许，这才是马基雅维里《君主论》的真实教诲。因此，卢梭认为，《君主论》实质是献给民众的——"马基雅弗里自称是在给国王讲课，其实他是在给人民讲大课"。[①]当然，这是可悲的，因为，当谁都按所谓"事实"而非按"想象"去生活，那么，"事实"就真的成了事实。

马基雅维里的这段话，除了针对那些争权夺利的政治人，还针对并不争权夺利的哲人。放在他自身的语境中，这段话的内容，并不特别出奇。即便在古代，争权夺利者也绝不会按照"想象方面"生活，但是，差别在于，古代哲人大体不会去"教唆"，尽管他们并非看不到权力者的禽兽不如，只是依然主张人应像人一样生活。马基雅维里的确是一个开端，政治科学"价值中立"了："科学"绝不会因为甲的斗而谴责他，也绝不因为乙的不斗而怜悯他，"科学"只会为聪明的斗而鼓掌，为愚蠢的斗而喝倒彩，并且将不斗宣布为违背事实的"想象"。于是，权力者可以堂而皇之地向任何人包括毫无斗志的小民百姓

（接上页）试图以国家与人斗，来取代自然状态的普遍的人人斗，但是，国家终究是由具体的人（君主）掌控的，因此，在霍布斯那里，便成为了君主与所有常人斗。君主如要完成这一在古人看来难以完成的任务，必须采取全新的统治艺术。

① 卢梭：《社会契约论》，何兆武译，商务印书馆1980年修订第2版，第95页。

公开或秘密开战，这不就是事物的"本然状态"吗？

在马基雅维里这里，所谓"中立"或"科学"的意义还是清晰的：有些人必须将恶作为"事实"接受下来，以之为思想和行为的出发点。政治科学理所当然地将美、善从政治领域排斥出去，使政治成为一种就古人的视角而言的"无耻的"活动。[①]现代政治和政治科学对人民的败坏，很大程度上源于权力者为证明其权力行为的"合理性"，而将其特殊的权力斗争原则，普遍化为人的生活原则。

马基雅维里拿"事实"说话的方法，的确已经是一种现代立场了，很合乎现代人对科学方法的理解。当然，它还科学得不够。[②]只是马基雅维里更受待见，因为，他至少公开为权力者——君主们——讲话，他的话，尤其反对了另一拨人，即特别重视论述事物的想象方面的古代哲人。

有人在这里只是看到哲学与历史学的不同。的确，在古代哲人那里，哲学高于历史，事实之真似乎不是他们关注的首要对象。不过，现代社会科学家说，至少应该注重逻辑之真吧。于是有人把柏拉图对话录中的对话逻辑，主要是苏格拉底的逻

---

① 马克斯·韦伯是马基雅维里主义的忠实信徒，他不仅继承了以争权作为政治之核心的马基雅维里主义传统，而且也如实指出如此理解之政治的必然结果：政治成为魔鬼之域。不同于后来的政治科学家们，他始终保持着理智上的诚实。

② 至少今天从事历史研究者，不大会承认《君主论》的研究方法属于科学。这种提出一个论点，然后从无论历史的还是当代的事实中找到一个符合此论点的事例以证明之，不是现在搞历史研究的人很反对的"以论代史"吗？现代历史学主张有一分材料说一分话，十分材料说十分话，以为这才是"科学"。所以，马基雅维里的方法，严格地说，并不很合乎今天对科学研究的要求。

辑推论，根据形式逻辑的法则予以检测，结论是：苏格拉底是一个诡辩家，他的不少推论不合形式逻辑的法则。有人辩解说，苏格拉底进行"诡辩"，是因为他需要面对同样诡辩的智术师。这是一个糟糕的辩护。

可以承认，在古代哲人那里，逻辑并不那么重要。在柏拉图对话中，苏格拉底在对话中用以论证的主要方法，不是逻辑，而是神话、类比和比喻。类比和比喻在今天难以被承认为科学方法，神话更被认为是海客谈瀛或天方夜谭。但在苏格拉底的对话中，它们却极重要，往往出现在一些关键推论或转折关头。倒是一些所谓科学方法，在柏拉图对话中遭到了嘲笑。[1]

亚里士多德的方法，表面上看，比柏拉图的更接近今天的政治科学。譬如，在《政治学》卷1的第1章，他就提出了自己的研究方法——要素论。对习惯于方法论主义的我们，当然会觉得更容易接受，尽管这在某种程度上出于一种误解。卷1章1谈要素论之前，亚里士多德还提了一些别的东西，这些东西，则未必能为现代社会科学意识所接受。

亚里士多德《政治学》最为人们所熟知的，莫过于这个命题："人就其自然而言，是城邦的动物。"[2]不同于人们通常的"误解"，亚氏的这一命题，指的不是经验意义上的人的彼此需要。这一命题是就人的自然即本性而非人的偶然存在而言的，即，它讲的不是经验事实。如从"真实的方面"即从经验的角度讲，人无疑可以离开政治体而存在，如鲁滨孙。从经验的角

---

① 参见柏拉图：《政治家》（259a–268d）。
② 亚里士多德：《政治学》（1253a2–3）。

度看，作为城邦动物（城邦公民）而生活的，即使在古代世界，也只是少数人。在公元前5世纪的雅典，公民人数在总人口数中占比大概不会超过30%。亚里士多德的这个命题顶多符合希腊人中一部分人的生活经验。因此，亚里士多德所说的——用马基雅维里的话来讲——是事物的"想象方面"，而非"真实情况"。若从经验的角度，或"真实情况"来讲，作为城邦的动物，对人来说，应该是一种例外。

那么，这个命题有什么意义？后人看重它，或者是误以为此命题表达的是人的社会性。但这并非亚里士多德的本意。他提到人的彼此需要：通工易事，或者，共同防御，但他明确指出，凭这些不足以形成一个"城邦"。换言之，社会需要不足以使人成为"城邦的动物"。这一命题想要表达的，不是人的社会性这一"事实"，而是一种"想象"或"理想"。

类似情况也可见诸中国古代思想。孔子讲：人者，仁也。能经验验证吗？孔子于弟子中，唯许颜回"三月不违仁"，其他则"日月至焉，而已"。[①]孟子主张性善论，举"今人乍见孺子将入于井，皆有怵惕恻隐之心"为例，以证"人皆有不忍人之心"。[②]今天的政治科学学者会要求经验的验证。即便能找到个别事例，也并不代表全体。普遍原则无法基于个别事例。从科学论证的要求看，孔子、孟子的论证至少不充分。性恶论也是这样。举出世上众多坏人的例子，难以证明人性是恶的，正如

① 《论语·雍也》。
② 《孟子·公孙丑上》。

举出世界上曾经有过善人，也无法证明人性是善的一样。[1]

与亚里士多德的命题一样，这些论断都不是经验的。用20世纪社会科学或实证社会科学的观点看，它们的问题不在于命题之真假，而在于无意义，根本不值得讨论，因为，但凡无法用经验验证的，都是无意义的。

那么，为什么还要研究古代？

一种流行的看法是，它能——仅仅能——告诉我们古人是怎么回事：他们怎么生活，或者，怎么思考。就此而言，古代文献只有史料的价值。胡适、傅斯年就曾这样来看待这个问题。在他们看来，对古代思想的研究，其目的不在于可以从古人那里汲取有益的东西——如果说有，那也只是负面教训。就现代科学的眼光而言，古人是愚蠢的，他们的说法缺乏现代科学方法的支撑，他们的思想充满谬误：他们的观念，"与其说他可笑，毋宁说他可怜"，"若果抱住这些早经淘汰过去的观念以为宝贝，未免不值"。[2]

换言之，就此视角对古人思想的研究，只是为了显示我们在多大程度上高于古人：我们比他们更科学，思考更合理。研究他们，只是为了看他们是如何犯错误的，用胡适的话来说，钻到烂纸堆里去，是为了"捉妖""打鬼"，是"化神奇为臭

---

[1] 权力者凭自己的经验，倾向于性恶论，并不奇怪。为了证明性恶论的正确，他们制造更多的恶人、恶事，以改变性善论者的立场，大概这也是一种治理现代化吧。

[2] 傅斯年：《对于中国今日谈哲学者之感念》，见欧阳哲生主编《傅斯年全集》卷1，湖南教育出版社2003年版，第240页。

腐，化玄妙为平常"，是告诉世人，古代"也不过如此"！①

胡适、傅斯年所说的这些古代研究的功能，在"古"这个字未完全被祛魅的年代或许还有些用处，在今天，这样一些有限的、消极的用处也已不存在了。从政治科学的眼光来看，古代政治思想如同博物馆里头的文物，除了显得有文化，于今天的政治和生活，是毫不相干的。博物馆里头存放的，是一个残存的古代世界，一个永远逝去了的世界，而在博物馆之外的似乎才是真正的现实生活。前者置身于谬误、偏见、混乱的昏暗光线之中，后者则在科学、有序、正确的灿烂阳光之下。前者之所以还有些许的存在价值，仅仅是为了让现代人知道，人类曾经有过这样一种令人羞愧的过去。

三

诸如此类的古代观，也只是在西方现代这一历史阶段所产生并在20世纪传播到中国来的一种看法。现代人用自己的标准裁剪过去，于是发现——这很自然——古人不如我们。

或许古人只是以另一种方式或角度考虑问题，而并非如我们所想象的那样，是在发展阶段上落后于我们。他们真的像我们所想象的那样傻吗？今天读古人的东西，觉得他们大多不讲逻辑。中国古代思想缺乏逻辑性，每每为现代人所诟病。西方人的逻辑意识强于中国人，但是，今天的学生即便读黑格尔、

---

① 胡适：《整理国故与"打鬼"：给浩徐先生信》，见欧阳哲生主编《胡适文集》第4册，北京大学出版社1998年版，第117—118页。

马克思，都觉得他们在逻辑上颇成问题，遑论古代的柏拉图、亚里士多德了。问题并非古人不懂逻辑。逻辑学古代就有，亚里士多德写过系统的逻辑学著作，中国古代也有，叫作"名学"，《墨子》一书中就有不少相关讨论。古人不乏逻辑意识，当然懂得什么是符合逻辑，什么是违背逻辑，只是在他们看来，形式逻辑问题不是最重要的。逻辑的精确性，事实的精确性，在他们看来，取决于学术研究的目的，并非无论在何种情况下都是唯一的标准。

譬如，亚里士多德在《尼各马可伦理学》和《政治学》中多次指出，学术研究的精确性，对于伦理学和政治学而言，并非唯一的，亦非最高的要求。他在伦理学和政治学著作中，通常这样来谈论灵魂学说：人可以分为灵魂和肉体两部分；灵魂又可分为有逻各斯部分和无逻各斯部分；有逻各斯部分又可分为严格意义上具有逻各斯部分（理智德性）和能像听从父亲那样听从逻各斯的意义上分有逻各斯部分（道德德性）；无逻各斯部分可以分为能够在某种意义上分有逻各斯部分（欲望）和普遍享有的、植物性的部分；等等。[1]在他看来，对伦理学和政治学，这样讲也就够了。[2]不必作进一步的科学化或精确化。然而，他在其他地方讲了一套与此不同的更复杂、更具探索性的灵魂学说。[3]在亚里士多德看来，科学性的要求，或者说，方

---

① 亚里士多德：《尼各马可伦理学》（1102a26—1103a31），廖申白译注，商务印书馆2003年版，第32—36页。《政治学》中的类似说法，见卷7章14。
② 亚里士多德：《尼各马可伦理学》（1102a25—1103a4）。
③ 见亚里士多德：《论灵魂》（432a24以下），中译本参见：秦典华译，《亚里士多德全集》卷三，中国人民大学出版社1992年版，第84页以下；（转下页）

法，与所要处理的问题密切相关。伦理学和政治学所追求的首先不是科学性，而是适宜性，换言之，准确性需要受制于研究目的，如伦理学和政治学的研究目的，是行动的美与正义。①在亚里士多德看来，"一个有教养的人的特点，就是在每种事物中只寻求那种题材的本性所容有的确切性"。②这表明，古人未必不懂今天意义上的科学性，而是认为有些东西更重要，只是这些东西外在于这种科学。显然，求"真"未必是至高无上的，在它之上还有更高的规范。

孔子喜欢讲"仁"："子罕言利，与命，与仁。""仁"这个东西，可以感受，却难以实证。《论语》记载，孔子弟子宰我质疑三年丧，以为一年足矣。孔子反问他："食夫稻，衣夫锦，于女安乎？"宰我答："安。"孔子于是说：你安，那你就这样做吧。等宰我走了，孔子说："予之不仁也。"③照今天的看法，孔子是一个坏教师：学生质疑，没法用科学论证说服学生，等人走了又骂他，好像不讲道理，以至于颇有人怀疑此章的真实性。其实，孔子也有他的论证，这就是让宰我反求诸心，自问忍不忍心。只是这种论证，今天会被认为主观，不为科学所承认。的确，"仁"的标准是每个人的"本心"，似乎是因人而异的，尽管在

（接上页）吴寿彭译，《灵魂论及其他》，商务印书馆1992年版，第162页以下。

① 亚里士多德：《尼各马可伦理学》："我们对政治学的讨论如果达到了它的题材所能容有的那种确定程度，就已足够了。……政治学考察高尚与公正的行为。……当谈论这类题材并且从如此不确定的前提出发来谈论它们时，我们就只能大致地、粗略地说明真；当我们的题材与前提基本为真时，我们就只能得出基本为真的结论。"（1094b11-27，廖申白译本，第6—7页）

② 亚里士多德：《尼各马可伦理学》（1094b24-26），廖申白译本，第7页。

③ 《论语·阳货》。

古人那里，"心"并不是一种现成的存在，而是需要滋养的。

回头再看亚里士多德《政治学》卷1的首章。该章是《政治学》的开篇，其重要性不言而喻。亚氏讲了三个问题。第一是"城邦"概念。第三是今天容易理解的研究方法。第二个问题最令今天的读者困惑。亚氏说，有人认为，对家的管理，对国的管理，对奴隶的管理，对自由人的管理，都是性质相同的一回事，都是管理，区别只在于规模大小的不同。在今人看来，亚氏所举的这种观点很正确啊，管理企业，管理国家，不都是管理吗？我们不都把它们纳入"管理科学"吗？家、国不是一体的吗？管自由人和管奴隶，难道有区别吗？只要管住了，就行。

那么，亚里士多德的看法是什么呢？他先是说：这种说法不美（καλῶς）。[1]后又说：这种说法不真（ἀληθῆ）。[2]"美"这个词的意思，我所见的几个中英译本，大多未能直译出来。吴寿彭先生将此句译作："这种说法是谬误的。"[3]苗力田先生主编的《亚里士多德全集》版则译作："这种说法荒谬绝伦。"[4]英译本也往往只是将该词译作：correct（C. D. C. Reeve译本）、rightly（C. Lord译本）等。倒是潘戈在《亚里士多德〈政治学〉中的教诲》一书中用nobly或beautifully来译[5]，算是紧贴希腊原文的。

---

① 亚里士多德：《政治学》（1252a9）。
② 亚里士多德：《政治学》（1252a17）。
③ 亚里士多德：《政治学》，吴寿彭译，商务印书馆1965年版，第3页。
④ 亚里士多德：《政治学》，颜一、秦典华译，见苗力田主编《亚里士多德全集》第9卷，中国人民大学出版社1994年版，第3页。
⑤ Thomas L. Pangle, *Aristotle's Teaching in the Politics*, The University of Chicago Press, 2013, p.26.

该词原文为καλῶς，对应的英文词通常是：beautiful，noble，fine。中文可译作：美，高贵，优雅。希腊人往往"善"（ἀγαθός）和"美"（κάλος）并举，前者侧重于道德上的善，后者则不单是善，而且有美妙、高贵、优雅之义，即行动不仅是善的，而且其方式给人以欣悦愉快之感。

亚里士多德认为，把政治家、国王、家主和奴隶主相提并论的说法，是不美的，这就提出了一个标准，这个标准不只是相关于事物的"真"，也不只是相关于道德上的"善"，而且还与行动的表现形式或方式有关。这是《政治学》中出现的第一个标准，"美"优先于"真"，其重要性不言而喻。①

"美"与前述孔子的"仁"，有类似的性质。它无法用今天意义上的科学标准或方法来判定。在我们看来，政治家、国王、家主、奴隶主的统治，无非在统治的数量或规模上有所不同，都是管理，本质上有何差别呢？今人所见的差别，仅仅是在"量"上的，亚里士多德却看到了"质"的不同："美"或"不美"的问题。它们所表达的是一种从内心到行为的状态、方式。这种标准，是在现代政治科学视野之外的，难以被科学地测定。

"美"，不仅指目的的正当，不仅指实现目的之手段的有效，而且，它还意味着所呈现的方式、形态，是高贵的、优

---

① 安提戈涅说，哪怕违反国王的法令，也要埋葬她的哥哥，这样做是"美"的，即使为此而死。（索福克勒斯：《安提戈涅》，70—71行。）中国古人也常常用"美"来评价人的言行。汉儒包咸注《论语·泰伯》的"君子笃于亲，则民兴于仁，故旧不遗，则民不偷"一句，说："君能厚于亲属，不遗忘其故旧，行之美者也。"（何晏：《论语集解》）

雅的、从容的。以20世纪80年代风行的日本围棋手武宫正树的"宇宙流"为例。①在这个围棋的"唯美"派看来，下棋不仅仅是为了争胜，也是为了下出美的棋，难看的棋型，即便对争胜有用，也不宜采用。与之相反的则是，只要能赢，难看的棋也下。这两种不同态度，就是古今差异，或者，就是亚里士多德与马基雅维里之间的差异。就后者而言——至少在其公开的学说中——为达目的可以不择手段。在现代社会科学观念中，目的被认为无法科学地评判，手段则依达到目的的效率而可以科学地讲究，只要能有效地达到目的，便是好手段。至于手段的好看、难看，不在科学范畴之内，故不在话下，甚至于手段愈难看，表明权谋愈高明，权力者愈有能耐。在现代人观念中，评判手段的唯一标准是对于目的而言的有效性。但是，对古人来说，哪怕作为手段，除了是否能达到目的，其自身还有一个标准，这就是：美。美，相关于手段自身的方式或形式。对古典思想来说，手段哪怕可以达到目的，也未必可以采取，倘若它是不美的、丑陋的、低劣的。换言之，即使是手段，也不完全依目的为转移。这与现代人的观念，尤其是马基雅维里主义的观念，非常不同。从表面上看，古人重形式，今人重实效。②

那么，为什么亚里士多德说统治奴隶和统治自由人，统治家和统治国，与美或不美相关呢？在希腊人的家庭中，主奴关系是最主要的一种关系，统治家庭，很大程度上就是统治

---

① "宇宙流"，武宫正树自己也称作"自然流"。
② 马基雅维里主义的中国版，就是以为只要道正，自可大玩其阴暗之术。只是如此一来，便无往而不是权术的天下了：有哪个玩术者，不自以为其玩术有道呢？而道，既然不同不相为谋，所剩的只有术了。

奴隶；而城邦的政治家，统治的是自由人，是主人。在亚氏看来，城邦是一种主人的共同体①，而奴隶的"共同体"，不可以成为城邦。统治奴隶的方法是什么？在希腊人看来，是鞭子。而统治自由人，不能像统治奴隶一样，用鞭子。中国古语有"刑不上大夫"②，用于希腊人，可谓鞭子不用于自由人。亚氏《政治学》曾提到，在古希腊城邦，狱吏没人肯做，因为，对自己的同胞、对自由人行使强制手段，是不美的、不荣誉的。这与那些在暴政的庇护下，偷挥一鞭，偷打一拳，而以为得计的现象相比，实不可同日而语。因此，在亚氏看来，同样是统治，但统治自由人和统治奴隶的方式不可能相同。显然，方式与对象有关。统治奴隶可以是正义的，却必定是不美的，因为，这种统治通常无法摆脱强制性，而且，对低劣者的统治，只能是一种丑的统治。③统治自由人，除了要求正当，其方式还应该是美的或高贵的。统治的高下，或美丑，取决于对象："被统治者的种类较良好，则统治者也就较优。"④

---

① 亚里士多德：《政治学》（1252a6-7）。

② 今天的中国人最痛恨"刑不上大夫"：既然下等人不能做人，上等人也应该平等地不能做人。却很少有人认为，既然"刑不上大夫"，也应该"刑不下大夫"，即上等人要做人，下等人也要做人。古代"刑不上大夫"，对君权多少是一种制约。平等既可以向上看齐，也可以向下看齐。

③ 亚氏认为，使用奴隶的"主术"，无"重要"和"体面"可言。（亚里士多德：《政治学》1255b34）又说，自由人的生活优于奴隶主的生活；以奴隶为奴隶，说不上体面，对贱役发号施令，谈不上美。（亚里士多德：《政治学》1325a24-27）戴维斯指出，倘若只考虑正义，那么，主人吃掉奴隶，也未尝不可。因为，奴隶仅仅为了主人的利益而存在，而主人又有此需要的话。（戴维斯：《哲学的政治——亚里士多德〈政治学〉疏证》，郭振华译，华夏出版社2012年版，第13页）

④ 亚里士多德：《政治学》（1254a25-26）。亚里士多德的三种最基本的统治类型：政治家式的、君主式的和主奴式的，虽各有其适宜的处境，（转下页）

因此，亚里士多德"政治学"的一条重要原则是：统治方式取决于对象，"对不同对象应当用不同的形式治理"。[①]统治自由人，就得用配得上自由人的方式，即美的或高贵的方式，而非以统治奴隶的方式。正当政体，意味着统治方式的美或高贵。

　　为了统治，不择手段，是变态政体的原则。僭主政体何以被看作低劣？何以为古人所厌恶？是因其以丑陋的、卑鄙的方式统治臣民：譬如，对人民千方百计挑拨离间，使其内斗；对他们严密监视；斫伤人民的志气、摧毁其精神，使之习于奴颜婢膝；决不录用有自尊心和独立自由意志的人，芟刈杰出之士，剪除勇健飞扬的人。[②]总之，毋使产生好人。倘已产生了好人，就消灭他。[③]另两种变态政体——民主政体和寡头政体，相

（接上页）在各自处境下，也都合于自然和正义，各有其利益（《政治学》1287b37-40），但是，因其统治对象的差异，其美或高贵亦不同。就被统治者而论，主奴统治不仅无甚高贵可言，而且，对奴隶的统治愈正当，其统治便愈低劣。君主制稍优于主奴统治，然次于政治家式的，因君主制的适用，恰恰由于贤哲稀少的缘故。（《政治学》1286b9）政治家式的乃是平等的自由人的轮番统治，乃因有德性的人增多，故而共同参与统治。孟德斯鸠的讲究德性的共和政体、追求荣誉的君主政体和败坏臣民德性的专制政体，与亚氏的三分相对应，亦是从被统治者的德性高下的角度所作的分类。

① 亚里士多德：《尼各马可伦理学》（1160b30），廖申白译本，第249页。
② 亚里士多德：《政治学》（1313a40-1314a30），吴寿彭译本，第291—295页。
③ 僭主统治最常见的一种自我辩解是，有什么样的人民，就有什么样的政府。臣民素质低劣，做不到自律——或者，倘若僭主还碰巧学过一点哲学，理智无法管制其欲望——便只能被视作、当作奴隶来统治。这样看来，臣民愈低劣，僭主统治的正当性愈高。由此，僭主欲使其统治为正当，维持臣民之低劣便是必要的，故而败坏人民，成为僭术的核心。另一种与之相反的观点是，有什么样的政府，就有什么样的人民。孟德斯鸠认为，奴隶是专制国家的教育的产物。（孟德斯鸠：《论法的精神》上册，张雁深译，商务印书馆1961年版，第33页）卢梭说："任何一国的人民都只能是他们政府的性质将他们造成的那样。"（卢梭：《忏悔录》，黎星、范希衡译，商务印书馆1986年新一版，第500页）中国自古便认为，（转下页）

比僭主政体稍好，却多少也采用诸如刈除好人之类的僭术。亚里士多德不否认，刈除好人，如民主政体的"陶片放逐制"，对这些政体的维持，似乎也有必需。只是政权的自我维持，向来不是政治的最高目的。这是亚氏的《政治学》与马基雅维里《君主论》的最大不同，也是古典政治哲学与现代政治科学的最大差别。这一差别，正体现于马基雅维里对待亚里士多德的态度：在《君主论》中，他"无耻地"——或者，用价值中立的语言，"中立地"——把亚里士德《政治学》中所讨论的僭主之术拿过来，介绍给当世君主：似乎只要有助于权力的维持和扩张，就是好东西。他同时代或稍后时代的君主们，尚不太好意思公然表示服膺，这套东西直到19世纪在民族国家的名义下才被彻底正当化。

将亚里士多德《政治学》中邪恶的僭主之术，化作《君主论》中的中立的统治技艺，实现此一转换的关键，是抹杀了高贵与低劣、美与丑、善与恶的区别。这就是政治学的古今之别。由此，在古典政治学中至为重要的君主与僭主的区分——其基础乃是美与丑、高贵与低劣的区分——在只看重统治有效性的现代政治学中消失了。对现代政治而言，重要的仅仅是统治的有效性，而非美或高贵的问题。

（接上页）民之为恶，源于君之无德。如郑玄注《礼记·缁衣》中"《甫刑》曰：'苗民匪用命，制以刑，惟作五虐之刑，曰法。'是以民有恶德，而遂绝其世也"一句，说："高辛氏之末，诸侯有三苗者作乱，其治民不用政令，专制御之以严刑，乃作五虐蚩尤之刑，以是为法。于是民皆为恶，起倍畔也。三苗由此见灭无后世，由不任德。"（《礼记正义》，郑玄注，孔颖达疏，北京大学出版社1999年版，第1502页）

古典思想以为，凡基于必然性的活动，都难有美或高贵。"政治共同体的目的不是生活在一起，而是美的行动（καλῶ νᾱρ απράξεων）。"①城邦或政治的目的，并非只是出于生存之必需（通工易事或共同防御），而且更是为了一种美的生活。说"人就其自然而言是城邦的动物"，是因为人要实现其本性，即过一种美和正义的生活，需要置身于自然的城邦。城邦就其自然而言，是美和正义的共同体，旨在塑造公民的美和正义。

城邦之所以高于家庭和村坊，是因为后者出于必需。今人所谓的人的社会性，指的是人出于生存之必需而不得不彼此需要或依赖，这恰恰不是亚里士多德所说的人的政治性的含义。从古典视角看，无论在马基雅维里式的，还是在霍布斯式的现代国家中，都无政治可言。他们的国家均出于生存的必然：前者出于君主生存的必然，后者出于一切人生存的必然。而在亚里士多德看来，倘仅仅为了生存，人本不必有政治，有权力就行了；城邦不是仅仅为了人的生存而存在的，而是为了实现人的自由和美好的生活而存在。从必然性的活动中抽身，是人之所以为人的前提条件。②

是否追求美或高贵，区分了古今政治。现代政治源于对

---

① 亚里士多德：《政治学》（1283a22）。
② 无论马基雅维里，还是霍布斯，都颠倒了古典的"人—兽"的等级关系。在亚里士多德那里，城邦（政治）是使人摆脱畜生状态的道路，而像畜生一样活着的奴隶，没有政治。而在马基雅维里的"国家"中，国家是由禽兽（君主）所统治的——臣民倒未必要成为禽兽；在霍布斯的学说中，只有"利维坦"这一魔兽停留于禽兽状态，保持着它的无限自由。如果说，在古典城邦中，自由人（人）统治着奴隶（畜生），那么，在这两种现代国家中，都是畜生统治着人。因此，马克斯·韦伯视政治为魔鬼之域，可谓现代政治的必然逻辑。

统治权的不懈追求，故而不择手段，成为其本质特征。马基雅维里在《君主论》中指出，只要有可能，人就会致力于获取权力，能追逐权力而放弃，是难以想象的。[①]但是，无论在古典中国，还是在古典西方的政治思想中，都存在着"让权"的观念。《史记》的"本纪""世家""列传"均以"让"权者开篇：《五帝本纪》中尧、舜的"禅让"，《吴太伯世家》中泰伯的"三以天下让"，《伯夷列传》中伯夷、叔齐的让国。没有对权力的"让"，就没有对政治的"得"。古典希腊亦不乏疏离权力的范例，如七贤之一的梭伦，在立法之后，去国十年；吕库古在为斯巴达立法后，自杀而亡。在古典观念中，以丑恶的方式，即便能争到权力，即便不失正义，也不可取。古典政治学以为，以力行事的，不是政治；政治的目的，不仅是正义，而且是美或高贵。这一原则，到了马基雅维里那里，完全被抛弃了。而在现代政治科学中，这种抛弃被"合理化"了。

今天，还有谁会在政治中、在政治研究中谈论"美"，谈论"高贵"？这些观念，不仅在根本上不容于政治现实，而且，它的消失，被政治科学"科学地"论证了。就现实政治而言，"美"是无效的；就政治科学而言，"美"是一种主观的、缺乏确定性的东西，不符合科学所要求的客观性、确定性。说一幅画、一首曲子很美，能否用科学来论证呢，尤其是，能否给出一个量化的标准呢？有人说，现代政治科学是一种保持着距离的、不介入的观察，因而，它是"客"观的。保持距离、不介

---

① 不惜一切手段，维持所劫夺的权力，是一连串的、变本加厉的恶行的根源。

人就是客观吗？当罗马大斗兽场座席上的观众欣赏着人与人或人与兽之斗时，他们客观吗？

在现代早期，在贵族传统中，"美"或"高贵"多少还有遗存。孟德斯鸠在《论法的精神》中说，贵族可以为君主死，却不可以为君主做不荣誉的事，如做密探、暗杀、滥杀无辜等。在他看来，贵族身上特别体现了美或高贵的要求。[1]他所谓的"君主政体"，尚是一个介于古今之间的政体。把社会中每一个人都监控起来，好不好？很好啊，犯罪率大幅度下降了。能不能这样做？从统计效率的角度来说，可以啊。而且，以今天的技术条件，实施早已不成问题。但是，在孟德斯鸠看来，这是丑恶的，因为它是对待奴隶而不是对待自由人的办法。[2]丑恶又怎么样？现代政治家们说，这种说法不合科学。在政治科学中，美丑已经被清除了。科学告诉我们，有效才是硬道理。[3]

---

[1] 孟德斯鸠：《论法的精神》卷1章4节2。

[2] 孟德斯鸠：《论法的精神》卷2章12节23。

[3] 现代学术，尤其现代史学和社会科学的一个引人瞩目的现象，是对古人的翻案风盛行。这不奇怪，因为现代是从统治的有效性，而不是像古代那样从羞善的角度来评价政治人物。于是，秦皇、汉武、康熙、乾隆，纷纷被冠以"大帝"之名，李斯之流，被称作"伟大"。历史主义以历史势利主义评价一切事物。成王败寇，从一种无奈的、可悲的需要被克服的事实，变成了衡量一切的正面标准。在社会科学的统计学主义之下，不正义、伤害、杀戮，因为"只是"发生于每一个个体身上——当然，任何伤害都是个人主义的——便都归属于小概率事件、个人遭际，而被忽略，或者，被允许。权力的一切作为，都可以因有利于所谓多数，有利于所谓历史或未来——其实只是有利于权力者的权力的维护与扩张——而得到正名，得到宽释。人们用轻松，甚至轻佻的语气，谈论着"吃人"的历史，由衷地赞叹着动辄屠城、杀人盈野的帝王将相们，用"客观上只有这样做，才能……"的句式，平息其良心的声音——倘若还有的话。所以，到了20世纪，发生了对犹太人的大屠杀以及其他各种各样公开的或秘密的屠杀，是不奇怪的。孟子说："行一不义，杀一不辜，而得天下，皆不为也。"（《孟子·公孙丑上》）今天，这只能被看作一种非科学的奇谈怪论了。

美的或高贵的政治的落幕，与现代政治的运作方式关系密切。在古代政治中，尤其在古希腊的广场政治中，政治家置身于舞台，在众人的视线之中，这是一种台面上的政治。美显现于观照之中，与光线有关。美相关于政治的这种显现方式。在现代政治（当然，古代宫廷政治也当属于这种现代政治）中，政治在台面之下、光线无法抵达之处。置身于黑暗之中的政治家，成了隐形人，不露面、不发声，只暗中操纵。于是，美作为一个问题，便不复存在了。相反，在现代政治中，民众倒是被置于聚光灯之下，他们的一言一行，被观察、被研究、被琢磨，哪怕私下里说的一句话、打下的一个字，甚至头脑中一闪而过的念头，都要被搜集，被加以评判，以便随时随地用隐形的鞭子抽打。

现代政治意识形态告诉我们，古代是专制的，现代是民主的。但是，即便古代的专制君主，也很少自视为神明。今天，隐身的、秘密的统治者们，超越了美丑、超越了善恶，观察一切、估价一切、惩罚一切。的确，不同于古代统治者，他们没有了光荣。因为，光荣需要光，他们摒弃了光。作为交换，他们隐身于黑暗，以获得完全的"自由"。在现代政治中，隐身人，或长于秘密政治的人，成为"当代英雄"，他们横行于暗事实①的世界，手握对明世界中的存在者的生杀予夺之权。凡是这种政治，秘密世界总无比庞大、丰富，而公共空间则日渐萎

---

① "事实"，在今天是需要被构造的。"事实"之需要被"构造"，来源于生活之被"操纵"这一"事实"。因此，普通人不仅无法"自如"地生活着，而且，他们也丧失了看到或说出"事实"的能力。

缩、闭合。

四

"美"，在亚里士多德那里意味着什么？一种品味，一种判断力。不只是理智上的推理，无关乎事实的真相，它是一种不如此便无所适从，不如此便通体不安的习性。[①]这种习性并非即时即刻就能获得，而是长期熏陶、涵养的产物。一条几何学定理，经过一两节课的解说，学生大体能够理解了。对于某种手段或方法之于特定目的的有用性或适用性，普通人都不难很快理解或掌握。而这种美或高贵的品味的获得，有待于长期的熏陶和涵养。只是这种熏陶和涵养，在现代教育中大体是缺失的，而且，在科学的名义下，这种缺失被合理化了。

今天科学的论证，要么关乎理智（所谓"真理"），要么关乎事实（所谓"真相"）。但古人所讲的论证——倘若说有论证的话——不仅通过理智的推理，不仅通过事实的印证，而且通过身体与精神的长期的共同参与。它是一种"体证"。对古人而言，最重要的"概念"，不是单纯相关于某一特定的经验事实，或者，相关于逻辑性的合理，而且相关于"美""善"的生活。

---

① "安"，是一种身体的感觉，也是一种心灵的状态。它不同于"正确""合法"之处在于，它也是一种难以言述、无法有一种标准的感受。前引《论语》有关"三年丧"的讨论，孔子便用"于女安乎"反问宰我。古人对文字章句的训解阐释，也常用"安"或"未安"作为评价的标准。但是，这种感受在今天被干扰了，因为权力已经能够用高科技手段介入人的身体的感觉了。

它的获得或论证，有待于长期的涵泳和体证。

朱熹说："学问，就自家身己上切要处理会方是，那读书底已是第二义。"又讲："须要读这书时，盖为自家虽有这道理，须是经历过，方得。"①朱熹的说法在古代有代表性。古人的学习，先有追随，而后才有认同。《论语》首章最能表达古人对"学"的看法。"悦""乐"是"体证"。古人的"学"，不仅是为获得一种理智上的道理，而且是为导向一种生活：美或高贵的生活。

古人所"学"，是生活之道，单纯在理智上并不能得到证明。今人的"学"，主要是理智性或操作性的，先要在理智上或实效上证明是正确的、有效的，然后才有认同。现代人讲"学派"，指的是方法或立场上的相同或类似；古代人讲"学派"，指的是共同行动和共同生活的人。

今人读古书，往往不满于其概念和逻辑论证的不足。但是，在古人看来，倘若没有"行"的"印证"，再多的言辞上的论证也无济于事。"子路有闻，未之能行，唯恐有闻。"②闻道而未能印证之以实践，便是迷信。这是古人的态度。

今天所谓"迷信"，是指在未科学论证之前便"信"。而所谓科学论证，无非事实性的真相和逻辑性的真理，都属于理智之事。于是，古人的学说仅仅变成一套又一套的言辞。学生一学期里，可以听到好几套彼此相异甚至冲突的言辞。而每

---

① 《朱子语类》卷10《学四·读书法上》。黎靖德编：《朱子语类》第1册，中华书局1994年版，第161页。
② 《论语·公冶长》。

一套言辞，何尝不持之有故、言之成理。于是，思想史成为言辞"战场"和"市场"，而言辞背后，则是权力的难以想象的运作。

古人不太相信言辞足以自证其为"真"。他们运用言辞，或者是"批判"——论战性的，用来反驳其他的言辞；或者是"导言"——引导性的，用来引入门径。对言辞的真正论证，只能来自言辞者的生活和实践；而只有伟大的生活和实践，才能确立伟大的言辞。故而古代"学派"，都源于学派创立者的生活，创立者因立德、立功而立言。中国儒家学派的发生，是因为有了孔子；古希腊哲学传统的建立，是因为有苏格拉底①，基督教的教义，是因为有了耶稣。学派或教派的创立，绝非智识的缘故，而是因为美善生活。因此，古代学派总要将自己的形成，溯源到某一伟大的立德者或立功者。创立者的言行，才是思想的源泉，才是学派的根基。而学说无非是对其创立者的生活和言辞的记忆。②源头愈博大、愈深邃，所成就的人性愈丰满，所开创的学派的传统，也就愈广大、深远。后世的追随者，不仅复述其言辞，而且仿效其生活。学派是因开创者之生活被效仿、被追随而得以形成。只有当对开创者的生活的回忆日渐淡

---

① 读柏拉图对话，很容易惑于苏格拉底奥秘的、复杂的言辞，而忘记了苏格拉底真正是用生命来为哲学论证。他的最强有力的论证，不是别的，而是他为哲学的献身。因此，《申辩篇》——作为哲学生活的"论证"——是柏拉图所有对话的核心，而其他的对话，都是对它的注解。

② 中国古代又以"作""述"分别指称创立者的"言行"和对"言行"的"回忆"："作者之谓圣，述者之谓明。明圣者，述作之谓也。"（《礼记·乐记》）孔子在其一生的大部分时间里以"述而不作"自许，说："若圣与仁，则吾岂敢。"（《论语·述而》）

漠时，理论工作才不得不成为必需，而理论工作的目的，无非是为了引发相继的美和善的生活。[1]

古代，无论中西，都强调师承。师承意味着对创立者的信赖。教师，原只是对创立者的伟大生活的追忆者和传承者。这种对师生关系和知识传授关系的传统理解，在今天被批评为故步自封、画地为牢、缺乏创新。但是，古代的学问，并不只是为了提出新观念、新思想、新见解，不只是一种局限于意识内部的理智活动，不只是为了获得达到某种实用目的的手段，而是为了每一个人的生活和实践。古老的传说或者学说，一旦融入了后世追随者的生活，便是一项绝顶伟大的创造。每个人都可以从事于这样的创造，并有可能完成这样的创造。[2]

古人的学术和教育，主要不是为了获得关于世界和社会的所谓"事实"，而是为了学习者自身的修行，为了使个体以及他们生活的世界变得美善，或者，高贵，简言之，是为了学为好人。今天的科学及其教育，无关乎好坏——好坏非科学所能判断。至少在自认要与美、善分离而独立的政治领域里，倘教人学善，那是要挨马基雅维里的教训，几乎是让人去送死了。今天的科学训练和教育，不是为了好生活，不是对好的性情和德

---

[1] 大抵是在创立者离世之后，其一、二代弟子将创立者的生活（言行）编纂成文字，如关于孔子言行的《论语》，关于耶稣言行的《福音书》，关于苏格拉底的柏拉图《对话》、色诺芬《回忆录》等。这些记载圣人言行的文字，都成为学术的源泉。

[2] 康德无疑是最接近古人的现代哲人。这位常常被后人视作学院派学者典范的哲学家，却说："我们的责任不是制作书本，而是制作人格；我们要赢得的不是战役与疆土，而是我们行为间的秩序与安宁。真正的大师杰作是一个合宜的生活方式。"（库恩：《康德传》，黄添盛译，上海人民出版社2008年版，第53页）

性的陶冶，而是一种理解性的理智活动：理解现实之所是及何以是，在此种现实中采取何种有效手段，以应对如此之现实，以实现自己无论何种目的。

今天西方政治思想史的研究者，很少有人会对托马斯·莫尔有兴趣。莫尔，尽管是一个好人，却是一个失败者。他的《乌托邦》是一本"头脑简单"的"想象"之作。这位马基雅维里的同时代人，昧于后者的教训，着迷于"想象"，无怪乎在政治上一败涂地。在今人看来，可耻的莫过于丧失权力。但是，生活于17世纪末、18世纪初的斯威夫特不这么看。在《格列佛游记》中，格列佛提到人类历史上六个最伟大的人，莫尔位列其中，而且是唯一一个现代人。不幸的是，这位有史以来最伟大的现代人，遇到了被称为"有史以来最可憎的坏蛋之一"[①]的亨利八世。有部名为*Man in All Seasons*的电影，讲的就是托马斯·莫尔的故事。莫尔是英王亨利八世的大法官，因为不积极迎合亨利八世与凯瑟琳离婚的主张，被罢了职；又因为不愿意公开表示对亨利八世离婚一案的赞同，被砍了头。托马斯·莫尔只要公开说一句表示赞同的话，至少暂时能保命，或许还能继续做他的官。只是，他没有。影片中，他的一位朋友，诺福克，贵族出身，对莫尔说："你算什么，律师的儿子，本身也是律师，我们是天之骄子，我们都妥协了，为什么你要站出来？

---

① 《狄更斯讲英国史》，苏旻婕等译，时代华文书局2014年版，第276页。在今天的历史学家看来，亨利八世是一位伟大的国王，他顺应了历史潮流，开创了现代英国，而莫尔才是一位开历史倒车的人。但是，19世纪的文人狄更斯倒更像是一位古人，在他看来，"亨利八世是这世界上最让人无法忍受的恶棍，他的存在是对整个人性的侮辱"。（上揭，第300页）

妈的，太不理智了！"理智属于科学，属于不必有高贵义务的市民阶级；贵族才应该是高贵的。但是，在新崛起的绝对主义王权之下，贵族丧失了高贵。市民出身的莫尔并没有公开反对国王的离婚，他只是沉默。但是，亨利八世不能容忍沉默。这里表现出现代政治不同于古代政治的一个特征：权力者不仅要权力，而且要人伏低做小。古代统治者追求权力，是因为权力能够抬高自己，得到荣耀；现代统治者追求权力，则是为了压低他人，以得到快感。①莫尔以为他能在逢迎和反对之间走一条中间道路，但是，在绝对主义王权之下没有这条路：隐逸之路已绝！②

这部片子上映于1966年。时间耐人寻味。20世纪过半，人类算是经历过了有史以来最不道德、最邪恶的政治，有人想起了托马斯·莫尔，这位立于古今之交的伟大的道德政治家。不过没有用，邪恶政治依然加诸普通人身上。③

---

① 作为英国绝对主义王权时代、亦即英国现代国家的首位君主，亨利八世对权力的行使，已不乏现代权力的虐待狂式的特点：以折磨他人为乐，坚决不动摇。他一生娶六任妻子：两位砍头，两位离婚，一位"幸好"死于生产，最后一位，凯瑟琳·帕尔，离断头台仅有咫尺之遥，侥幸逃脱而得以善终。亨利八世身边的辅政重臣，大多不得善终。大法官沃尔西"幸好"早死一步，莫尔和首相克伦威尔都死于断头台。

② "隐"是古代特有的一种政治现象。这是一种介于同意与反对之间的保留，是一种自外于政治的政治，它的存在，为权力斗争划了界限，使在残酷的政治斗争中，依然有可能维持人作为"人"的存在。这是一条可以避免被政治斗争彻底败坏的道路。但是，在现代政治中，不论谁，都成了为权力管控的人口资源，现代的权力者是靠吸附所有人口的血而生的。而且，骨子里平民化的政治家们也更愿意以小民百姓为对象，以实验其雄才伟略、大智大勇和高端科技。谁敢自外于权力的操控，权力是要让他痛不欲生的。

③ 在亨利八世身上，现代历史学家们看到的或许是政治的进步——一个绝对主义现代国家终于登上历史舞台，而文人狄更斯所看到的，则是在这样的权力控制之下，人性所能堕落的程度！他反复说着这样的话：（转下页）

古代哲人并非天真到不能认知人之恶，并非意识不到人在虐待、凌辱、对付他们的同类时是多么的残酷无情、计谋深远、毫无顾忌、得意扬扬，所有的美善，对他们而言，完全是垃圾、一文不值，而且，没有比他们更精明地意识到，在现实中，只有恶事做尽，一个人才能享有美善之名。对此，只要一读柏拉图《理想国》卷2、司马迁《史记·伯夷列传》，不难获知一二。哲人只是珍视刚刚闪现在面前的人性的微光，正是这一点点微光，给予人以全部存在的希望和价值。他们所有的知识活动，或学术工作，无非使这一微弱的光，变得大起来，能够照亮更多人的生命。当然，他们绝非认识不到，这样的微光，并不能使他们更好地自我保存于权力斗争中，更谈不上胜利。[1]只是一切生存斗争——无论个人的，还是集团的——机巧、谋略，都不是他们的知识活动的目的。现代知识——从马基

（接上页）"对此人民依旧忍气吞声，而全英格兰也没有一个贵族绅士敢站出来为正义说话。"

"人民对此沉默不语，他们静静地忍受了，就像他们忍受了其他一切事情一样。"

"人民眼睁睁地看着这一切，却都默不作声地忍耐了……在这个时代，英格兰似乎已经完全抛弃国家精神，当每一个以叛逆罪为名被处死的人——包括这位'直肠子'国王的妻子和朋友——站在断头台上时，他们竟然还赞扬国王的美德和仁慈。"（《狄更斯讲英国史》，第297、295—296页）

[1] 尽管古代政治在根本上是一种伦理政治，但是，凡精于世故的人都知道，一个人高调谈论道德，倘非大权在握，是非常危险的。自古以来，道德的政治家罕见，政治的道德家所在多有。即便言论并不指向权力者，权力者亦会有针芒在背之感，即使不是有意倒打一把，也可能本能地反戈一击。以道德批判权力的，很难不被权力进行道德的批判。清代统治者就深知如何以彼之道还彼之身。在统治者看来，臣民只要尚未全部成圣，就绝不能以道德要求加诸统治者，更不能反对被统治者的任意对待。而道德的褒贬臧否之权，是握在权力者手上的。所以，"侯之门仁义存。"（转下页）

雅维里主义，到培根、霍布斯、马克斯·韦伯乃至现代社会科学——与之最大的区别，是把这种斗争看作最基本的人间事实和一切的出发点，知识无非是实现自我保存和权力增长的手段。古代不乏与现代类似的知识类型，如中国的法家，但不是古典思想的主流。今天的社会科学家是古代法家的传人，他们能够宣称价值中立，正是因为摒弃了人性的微光，从而可以"中立地"服务于权力的放纵恣肆。

五

古典政治以美或高贵的生活为目的，学术也是为了培养人的美或高贵。[①]因此，不奇怪，古代政治著述家的著作——柏拉图的对话，亚里士多德的伦理学、政治学，都不是写给一般的权力当局，服务于其统治，而是写给公民即普通的自由人的，是为了他们的自我教育。今人读亚氏《政治学》，以为缺乏历史眼光，跟不上形势。他的学生——亚历山大，在东方开拓疆土，建立新帝国，终结了希腊的城邦时代——后人视之为具有世界历史意义的行动，《政治学》竟无只字片语提及，着实令人费解。

（接上页）（《史记·游侠列传》）"君子恶居下流。"（《论语·子张》）的确，道德不是用来谈论的。但是，这并不意味着，臣民只有成圣，才有资格向统治者提出道德上的要求，尤其当统治者普遍信奉权力哲学时，弱者尤其不能放弃道德这一弱者的武器。尽管这个武器，绝不可能约束统治者。

① 亚里士多德："政治学的目的是最高善，它致力于使公民成为有德性的人、能做出高尚行为的人。"（亚里士多德：《尼各马可伦理学》1099b30-31，廖申白译本）政治学的目的不是知识，而是行动。（《尼各马可伦理学》1095a6）

亚里士多德对亚历山大的事功，当然很清楚。他们通信频繁，亚历山大俘获珍贵物类，会送给亚里士多德研究。亚氏在《政治学》中的沉默，是因为在他看来，征服活动不是政治——这样的看法多么令现代人愤怒啊！难道一个身份低下的平民，微不足道得可以随意被碾死的平民的重要性，竟胜过能够杀人盈野、运他人之命如置诸股掌之上的君王吗？是的，至少在古代哲人那里是这样。①

在亚里士多德看来，作为真正科学的政治学，不是为了迎合时势，不是为了歌功颂德，而是为了培养人、塑造人、教化人，因此，美善或高贵，才是对言行的判断标准。②因此，无论柏拉图，还是亚里士多德，其政治学的核心，都是对美善的理想政体的论述，其目的都在于对自由人的教育。不错，亚里士多德是亚历山大的教师，于是，人们对亚里士多德传授给亚历山大些什么，很感兴趣。但是，在他的著述与亚历山大的业绩

---

① 普鲁塔克记载，亚历山大征服希腊诸城邦后，驻节科林斯，很多人去拜访他，但犬儒派哲人第欧根尼没有去。亚历山大便去看他。发现他正躺在地上晒太阳。亚历山大客气地问第欧根尼有何可以效劳，于是引出了第欧根尼那句著名的回答："很好，请你站开一点，不要挡住阳光。"（普鲁塔克：《希腊罗马名人传·亚历山大传》，席代岳译，吉林出版集团2009年版，第1208页）

② 在今日影视和著述中，充斥着对杀人盈野的君王的阿谀，为古代著述所罕见。今人读到《史记·六国年表序》中的"世异变，成功大"，便以为司马迁肯定秦政。今人重势利，故以成功为好，却不知古人以为"成功之下，不可久处"。（《逸周书·佚文》）德行而非成败，才是司马迁著史的准绳，故列均为失败者的陈胜和吴广于《世家》、项羽于《本纪》。列不统治、不革命、不归顺的一事无成的伯夷、叔齐于《列传》之首。古代史家不懂如何站在历史的成功者一边，为其营造舆论，寻找理由，提供依据。

之间，看不出有什么联系。①亚里士多德不是君王的教师，而是公民的教师。

古代，美或高贵的风格如何获得？并非仅仅通过今天意义上的理智性学习和教育。亚里士多德《政治学》区分了自由人教育与实用主义教育二者。在他看来，实用主义教育，无关乎美或高贵的品质的养成。在通常意义上，马基雅维里的《君主论》是实用主义教育的典型：一部干禄之书，希望对自己有用，因而首先对君主有用。亚里士多德《政治学》尽管也涉及邪恶政体的权力维持和扩张，但只是为了有助于自由人或公民对自我处境的理解。从根本上说，《政治学》是为公民和自由人而写的。

实用主义教育所塑造的人，亚里士多德称之为"俗匠"。俗匠即专业技术人员，整日坐房中认真钻研一艺，使其精益求精。亚里士多德以为，这样的人不应被赋予公民权。因为，"以手艺和苦力为生的人们既无缘完成他们的品德，就不可能成为这种城邦的公民"。②从必然性的劳作中脱身，是公民之所以为公民的前提；城邦不是出于生存之必然，而是出于对美和正义生活的追求。城邦之为城邦，在于其成员可以共度闲暇，发展

---

① 普鲁塔克写道："亚历山大在明师的指导之下，不仅受教伦理学和政治学，还有更为深奥和隐微的理论，从哲学家所赋予的名称看来，只能用口口相传的方式授予少数门人弟子，很难公开让大众明了精义之所在。"普鲁塔克的这些说法，后人大都不信。他的另一说法，倒可能更接近于事实。他说，亚历山大枕下有两件东西：亚里士多德校订的《伊利亚特》——亚历山大认为这是"一切武德和用兵的怀中宝库"，还有一柄短剑。（普鲁塔克：《希腊罗马名人传·亚历山大传》，第1201、1202页。）
② 亚里士多德：《政治学》（1278a19–21），吴寿彭译本，第127页。

友谊。①闲暇是公民的必要条件。唯有通过公民之间的自由交往，才有可能发展出美和正义的德性。②佣工、俗匠等，之所以不应被赋予公民权，正是他们因职业之故，无法从必然性的劳作中脱身，无暇参与公民的自由交往，无法从事于自我教育，从而获得美或高贵的判断力——而后者在亚里士多德看来，是公民必需的品质。匠人所拥有的只是某一种专业技能。③

亚里士多德《政治学》卷3中有一段对"民主政治"④的著名论证，常为后来研究者所提及。对这段论证的理解，也应结合于公民教育。亚氏的"对多数人优越性的论证"，是以自由人教育或公民教育为基础的。⑤

---

① 亚里士多德：《政治学》（1280b35-38）。
② 亚氏认为，事事求"功用"，是全然不合于"豁达的胸襟"和自由的精神的。（亚里士多德：《政治学》1338b2-3，吴寿彭译本，第412页）"豁达的胸襟"，在《尼各马可伦理学》中被视作德性之冠，拥有"豁达的胸襟"的人，亚氏称之为一个自重的人，一个有着自知之明的拥有美善之德的好人。（亚里士多德：《尼各马可伦理学》卷4章3）
③ 亚氏甚至认为，农人也不应被赋予公民权，他们也缺乏足够的闲暇。（亚里士多德：《政治学》卷7章9）他的这一看法，与希腊人对农人与工匠的传统看法不同。后者为色诺芬所代表："粗俗的技艺使人没有余暇去注意朋友和城市的事情，所以从事这类技艺的人被认为不善于与朋友们交往，也不能保卫他们的国家。"至于农民，他则说："从事这一职业也最为愉快，它能在最大程度上使身体健美，它能给心力留出最多的空闲时候去照管朋友和城市的事情。"（色诺芬：《经济论·雅典的收入》，张伯健、陆大年译，商务印书馆1961年版，第12、20页）
④ 这里的"民主政体"概念，是在宽泛意义上使用的。严格地说，需要区分亚氏的或希腊人意义上的"民主政体"与"多数人相较于少数人的优势"二者。亚氏认同多数优于少数，却并不赞同希腊意义上的"民主政体"，因为，亚氏的"多数"仅限于受到良好教育的公民。所以，他认同多数贤人执政优于少数贤人，贵族制优于君主制，却不认同由无暇接受教育者所组成的公民团体的希腊意义上的"民主政体"。
⑤ 现代民主的主张者也承认公民教育的重要性。例如，1848年法国二月革命推翻"七月王朝"后，人民获得了普选权——普选权的根据是（转下页）

苏格拉底有一种今天的研究者归结为"专家政治"的主张，即认为人参与政治的资格，在于他的知识。有知者只能是极少数人，多数人因为缺乏政治知识，无行政能力，故而不应享有政治权力。亚里士多德大体认同苏格拉底的看法，但是，他对苏格拉底的"知识"概念作了一番改造。就苏格拉底的"知识"概念而言，没有人拥有真正的、整全的知识。哲人不过是真正知识的追求者，而非拥有者。没有人有资格说，他可以正当地拥有权力，除了神。苏格拉底所主张的"知识政体"，只能是一种神权政体。[1]

亚里士多德则对"政治知识"作了一种区分：人的行政能力与政治判断力，或者，专家之知与普通人之知。论及二者的关系，他举例说，乐器的演奏者（专家）固然精于演奏技艺，但是，他对音乐的判断力，未必优于鉴赏者（业余人）。他认为演奏者更适合于由俗匠和雇工而非自由人来担任。相反，对自由人的音乐教育，则应摒弃职业性的乐器教育，因为，自由人教育的目的，不是使其成为一名好的演奏者，而是使其成为一名好的聆听者。[2]一个人是否有病，医生能判断，病人自己也能

（接上页）人与人之间的平等。当时共和派决定立刻对已经获得选举权的900万选民——其中大部分在农村——紧急施行教育。这无疑是正确的。但是，教育不是一朝一夕的事。因此，从19世纪40年代末至19世纪70年代初，共和派都无法阻止法国农民一次又一次地把选票投给路易·波拿巴。

[1]　《理想国》论述"哲人王"，绝非为了提供一种可供现实仿效的政体理想，而是为公民的个人教育或自我教育，提供一个理想的／想象的城邦空间。

[2]　见亚里士多德：《政治学》卷8章6。又，在亚氏看来，对适合自由人学习的学术，也应做某种程度的限制，因为若需要过度的着意用力，以求擅精，也会像工匠技艺那样，妨碍身心。（亚里士多德：《政治学》1337b14—16，吴寿彭译本，第409页）

判断；对酒的好坏，做酒的人能判断，喝酒的人也能判断。在他看来，使用优于制作，对一席菜肴，最适当的评判者不是厨师，而是食客。①亚里士多德的这一原理被运用于政治，扩展了苏格拉底的"专家治国论"：多数人固然并非行政专家，却未必不是政治优劣的好的判断者。

亚里士多德曾将对医术有所知的人分为三类：普通医生、医学大师、受过自由人教育（英译或为general education）的普通人。对一个人的医术是否高明，普通医生可以判断，医学大师当然能够判断，而那些虽未受过专业医学训练却受过自由人教育的人，也能判断。所以，一个非专业人员，一个未受专业教育却受过自由人教育的人，固然不能成为医生，却能判断医术的好坏。②多数人缺乏行政技艺，不能任行政官员，却未必不能判断政治之良窳、政治家之优劣。因此，他们可以有谋划和裁判之权，有资格出席公民大会或议事会，有资格担任民众法庭的法官。条件是，他们是接受了自由人教育的公民。

人能够参与谋划和裁判等政治活动，即成为公民，是因为他们可以通过接受自由人教育而获得政治能力。③亚里士多

①　亚里士多德：《政治学》（1282a23）。亚氏的这一看法，来自苏格拉底。（见柏拉图：《理想国》601d-602b）在古代希腊，消费优于生产，实践高于制作，在现代，这两对关系被颠倒了。
②　古语云："不为良相，便为良医。"以政治与医术相比，中西皆然。但是，亚里士多德认为，医生与政治家其实不同。医生于病人无所偏私，其诊治病人，无非为了明白的收益。政治家于被治者则有爱憎，故不免于泄私愤或谋私利。（亚里士多德：《政治学》1287a36-39）
③　亚里士多德反对古典意义上的"民主政体"，原因在于，这一政体中的公民主要由无闲暇的农人或工匠、佣工等组成，在他看来，这些人无法从必然性的劳作中得到解放，无闲暇从事于公民的自由交往或接受相（转下页）

德所认同的多数人参政，建立于人的能力之上：不是实行的能力，而是审议、裁决的良好的政治能力。实行的即特殊的行政能力，当为治邦者所具备。多数人参政的基础在于教育，这种教育所要培养的不是专业技能，而是审议的能力以及良好的品味，或判断力。

今天，一些人认为民众不具备参政资格，是因为他们缺乏政治知识，或者，缺乏德性-能力。[①]其实，有必要像亚里士多德那样区分两种政治知识，一种与专业技艺有关，一种是政治谋划和判断的能力。多数民众的确缺乏必要的专业知识和技能，缺乏在有意淆乱的信息中判断真假的经验。但是，美的或高贵的判断力，却并非不能存在于并未具备专业知识和技能的普通人身上。然而，但凡官僚意识形态，都拔高专业知识和技能的重要性，而贬低不需要官场经验和专业训练的善良和美感——后者之得到保存或许恰恰是因为缺乏官场经验和专业训练。官僚化的社会科学，将专业知识和技能宣称为唯一科学，将关于美和高贵的"知识"，宣布为非科学、非知识，以期利用专业门槛、术语壁垒，将多数普通人排斥于政治参与之外，挖掉他们参与政治的基础——尽管这一看法，也是出于一种对韦伯

（接上页）应的自由人的教育，故而缺乏作为公民所必需的政治能力。因此，亚氏与苏格拉底一样，认同"知识政体"，只是他的"知识"的性质和范围，不同于苏格拉底。亚氏的公民的政治"知识"，主要是一种通过在现实的或想象的共同体中的自由交往而涵养获得的道德德性。

① 所谓自上而下选拔官员叫"贤能政治"，自下而上选举官员叫"民主政治"，中国自古以来就是贤能政治，而西方才是民主政治云云，此说既不美，也不真。民主政治选举的难道不是"贤能"而是"坏人"？此说之意无非是，无论选拔，还是被选拔的权利，都只能垄断于一小撮人之手，而广大民众是被排斥于政治过程之外的。

的误读。现代教育普遍忽视对人的良善——无论是作为人性，还是作为习得的品格——的培育，这不奇怪，因为良善和美感对官僚文化，不仅不具备价值，而且具备负面价值，被视为只有无能的小民才没有摆脱，而精英们避之唯恐不及的东西。随着高等教育的普及，质朴和良善也愈发变得难得一见，于是，普通人既缺乏专业知识和技能，也缺乏善与美的判断力，权力者们也就更自由了。排斥了人的美和善的判断力的养成的现代政治科学及其教育，使政治学者仅仅成为统治者的秘书：搜集、整理信息资料，提供论证。

不同于现代摒弃众人于政治之外、将其视作政治之被动接受者、不相关的相关者，亚里士多德则认为，自由人即便缺乏专业知识和技能，也可以凭借自由人的教育，拥有美或高贵的判断力，可以对政治事务进行审议和裁断。政治学的目的不是帮助政治专家，使其获得相应的专业技能，而是帮助公民使其获得美的判断力。此种公民教育是公民政治的基础。公民教育，或自由人教育是古代政治学的实质，在根本上关乎政治判断力的养成，而不仅仅是理智的增长，或专业技能的获得。

马基雅维里的《君主论》是政治家枕下的秘籍，亚里士多德的《政治学》则是公开的公民教科书。古典政治学服务于普通公民，帮助他们获得有关公共生活的良好判断力。柏拉图告诉我们，苏格拉底的教育可以在任何地方（健身场、宴会等各种公共场所），可以对任何人进行。对话始于普通人的"常识"，无专业门槛、概念壁垒，却不回避真问题。这与现代学术的高门槛、无问题形成对照。苏格拉底的教育既有教无类，也因材施教，其对象是自由人，其内容不离真实的生活。相较而言，将普通人排斥在外的现代政治学，既体现了学科化的权力垄断，也服务于权力对普通人参与的排斥，使后者永远只配成为躺枪者。在政治科学中谈论美或高贵，表面上不容于科学的要求，实际上则有指斥权力者的嫌疑。

前已述及，人的美的、正义的品质的养成，唯有通过城邦的共同生活才能获得。城邦在此意义上是一个教育共同体。这当然是在理想意义上的，指一种合乎自然本性的城邦。但是，这样的城邦并非常态，现实城邦未必是一个适合于人成长的共同体。且不说变态政体多少以败坏臣民为其统治的主要手段[1]，即便成长于不健全的礼法秩序之下，也难以接受正确的德性教育。[2]柏拉图《理想国》的结论是，避开一切现实国家，像一个异乡人一样生活——理念中的城邦，才是真正的祖国。[3]亚氏也把能让人疏离于现实政治的政治视作更好：以自由农为主的民主政体，被他视作民主政体中最好的一类，正是因为其中的公民-

---

[1] 统治者的"高"，是建立在被统治者的相对"低"的基础之上的。致力于使被统治者"低"——不论是在道德上，还是在才能上，甚至在身体上——是许多统治者实现其"高"的主要手法。与其说让那些为统治者所不喜的人成为好人再去压制他，不如使他们根本无法成为好人更有"正当性"。现代统治者的"败坏"活动，是如此深入，如此渗透一切，令人不寒而栗。而现代政治的对每一个个体的管控，则实现了对每一个人的度身定制，使之成为一个人的"命运"，愿意的跟着走，不愿意的鞭打着走。

[2] 亚里士多德：《尼各马可伦理学》（1179b31-32）。

[3] 在《理想国》卷9的结尾，苏格拉底说，一个身心和谐的人，一个理智的人，"会倾向于注视自己心灵里的宪法，守卫着它"，这是他最关心的事。他只有在这个合意的城邦中才参与政治，而在他出生的城邦里，他是不会参与政治的。所谓"合意的城邦"，便是逻各斯中所建立的那个城邦，也就是天上的城邦。（柏拉图：《理想国》591e-592b，郭斌和、张竹明译，商务印书馆1986年版，第385—386页）

自由农无须太多地参与政治，从而有更多的自由与家人、朋友待在一起。^①在亚里士多德看来，倘若所生活的城邦缺乏好的共同的教育制度，就更有必要致力于家庭的教育：如库普洛普斯那样，每个人"给自己的孩子与妻子立法"。^②疏离于政治的目的在于更好地成为一个人，这也是城邦政治得以改善的条件。

这是古典政治学的核心问题：一个人生活在并不理想的现实城邦，甚至当这个城邦倾其全力来败坏他时，如何实现自我完善，或者，追求美好生活？换言之，倘若一个人无法兼济天下，即在现实中构建一个完善的城邦，他又如何能够独善其身？这是一个矛盾：独善的追求离不开城邦，"人是城邦的动物"；但是，没有人的独善，何来城邦的共同的善？

古典政治学的解决之道是：以言辞建构一种理想城邦。何以柏拉图、亚里士多德的政治著述的核心，是对理想政体的描绘？何以古人热衷讲述——马基雅维里所谓的——事物的"想象方面"？这一点殊为现代人所难以理解。古人那么耽于幻想吗？问题正在于，倘若城邦或政治的目的在于塑造人的美的、正义的生活，那么，当现实城邦——很大程度上——远非理想时，或者说，当人在现实城邦中根本无法通过自由的交往，实现其完

---

① 亚里士多德：《政治学》卷6章4。
② 亚里士多德：《尼各马可伦理学》（1180a26–34）。民主的长处，并不在于它本身必然意味着正义和美的统治，而在于它使个体得以过他自己的生活，它的好处是："管得少"。苏格拉底对"民主政体"有不少批评，但是，这毕竟是一个每个人"爱怎么过就怎么过"的政体啊！（柏拉图：《理想国》557b，第332页）换言之，对那些凡试图完善自我（过好生活）的人来说，这一政体能给予他们以自由，因而，这也是适合于哲学家生活的政体。亚里士多德《政治学》始于"家庭"，未尝不是对苏格拉底这一思路的一种追随。

善自我的目的时，那么，置身于一个以言辞构建的理想城邦，便是使他们即便生活于一个糟糕的城邦中，依然有望实现个体完善之目的的唯一道路。[①]

亚里士多德的"人就其自然而言是城邦的动物"这一命题，指的是人的自我教育——本性的完成——当被置于理想城邦的观照之下。人作为逻各斯的动物，凭借其逻各斯的力量，创造出一个真正的自然共同体：逻各斯的城邦。人是城邦的动物，并非指人是任何偶然所属的现实城邦的动物，而是说，就自然而言，他属于自然的城邦。在这个城邦中，他获得了他的"真"，即自然的成长，这是一个自然过程。"城邦"内在于人的"自然"中，是人性成长的内在条件。因此，真正的城邦、逻各斯的城邦并非唯有成为现实才发生作用，而是说，作为内在的条件，同时，作为内在目的，引导了人的活动方向，使人的生活获得"真实性"。人正是在努力成为自然的或理想的城邦的公民之过程中，其本性得以实现。因此，不论在家庭，还是在城邦，人就其自然而言，都是城邦的动物。[②]

在坏政体中，家庭或朋友共同体，可能是更好的共同体。[③]只是家庭或朋友间的教育，倘若不仅仅沉溺于必然性的劳作和

---

① 人的自我教育当设定于完美城邦的条件下。只有在这样的城邦中，礼法才等同于正义，好公民才有可能是好人，人才能找到善恶、正义与否的标准。
② 甚至"人就其自然而言是城邦的动物"这一命题，反而意味着人当疏离于现实的城邦。这种疏离是好城邦得以实现的前提。由此可以理解，何以苏格拉底这个城邦中的"无用之人"（柏拉图：《申辩篇》32a），倒是真正的政治家。
③ 只有在理想城邦中，才可以废除家庭，将教育完全托付给城邦，而在现实城邦中，家庭教育是不可替代的，它甚至是好城邦的起点。

需要的目的，而且旨在养成真正的自由人，政治学便是不可或缺的。亚里士多德认为，作为一个家主，应该懂得"立法学"，或者，《政治学》一书意义上的"政治学"：

> 假如有人希望通过他的关照使其他人（许多人或少数几个人）变得更好，他就应当努力懂得立法学。因为，法律可以使人变好。不是每个人都能把所有的或所接触到的人的品性变好，只有懂得科学的人（如果有这样的人的话）才能做到这一点。①

唯有懂得理想城邦及其教育，才能懂得如何在现实城邦中进行私人教育。因此，懂得关于理想政体的"逻各斯"，即"立法学"或"政治学"——理想城邦的教育之道是必要的。亚氏认为，至少那些心胸开阔的年轻人，能够在逻各斯的影响和鼓励之下，追求美和善。②显然，柏拉图的《理想国》是对这样一种逻各斯的城邦的建构活动，它本身提供了一种理想城邦的教育的典范。

如上所述，"立法学"或"政治学"之所以重要，在于它突破了在"独善"与"兼济"之间的矛盾。即便在并不理想的现实城邦中，一种"理想"的城邦依然可以呈现于"逻各斯"中，一个人可以在这个"想象"而非"现实"的城邦进行自我教育，这

① 亚里士多德：《尼各马可伦理学》（1180b21–26），廖申白译本，第315—316页。
② 亚里士多德：《尼各马可伦理学》（1179b7–15）。

就使得好人的产生成为可能，也使好城邦的实现成为可能，因为，"凡是可使人们成德达善的教育和习惯的训练也同样可用来教育并训练成一个优良的政治家或一个优良的君王"。①

政治学是有关理想政体的逻各斯。这一逻各斯展开了无形的理想城邦空间。这是一个开端，人进入其中，得以对何谓"美"和"善"获得真正的体悟。这是一种身体力行，却是在想象空间中的身体力行。古人相信"想象"的真实力量，因为它激发了人自身的"真实性"。马基雅维里所见不错。正是在这一点——他所谓的"想象"——上面，现代政治学与古典政治学分道扬镳。②

古人的生活世界，不仅包含物理性的实存，而且包含有别于这些实存的"想象的"/"理想的"存在。后者的真实性毋庸置疑，甚至高于前者。在柏拉图看来，理念世界与模仿世界（即现实世界）共存于这个世界，前者更为真实。古人所谓的"真"，不只意指今天意义上的事实性的"真相"或者逻辑性的"真理"，还指人性的绽开、成长和完成的更为"真实"的活动。这是一个"真"的过程，也是"自然"的过程。凡合于内在目的的行动，便是"真实"的。如果说，人性是一颗种子，理念世界就是阳光、空气、水和土壤。"真"不是一种固化的"事实"，而是一个绽开并成长的向上过程。凡是向下的堕落，都是有悖于"真"的。

---

① 亚里士多德：《政治学》（1288a41–b2），吴寿彭译本，第174页。
② 马基雅维里对古典精神的把握极为准确，攻击似乎也正中要害。他没有纠缠于形而上学问题，其矛头直指"想象"，一心致力于劫夺或维护其统治权力的君主，只有去除了想象，才有可能无所不为。

伦理学和政治学的作用，是维持着这个能真实地作用于人、引导人向上的"想象的"/"理想的"世界。后者像滋润着植被的"云雾"，像维持人的生命的"气息"。伦理学和政治学的功能，是使其驻留于人的世界而不被吹散。

古典政治学的宗旨，是以言辞建构理想的城邦，使学者通过在想象中的生活，实现在现实中的成长。以言辞构建理想城邦是古典政治学的核心。政治现实愈无望，政治学愈有必要。希望愈在现实政治中闭合，政治学愈应为现实中的人开辟希望。①

古代的哲学和政治学在根本上是对自我和友朋的关照的技艺。②哲学给予过沉思生活的人，政治学给予普通的自由人。在古典政治哲学家看来，好的政体，尽管未必能转化为现实，却可能在自己的灵魂和朋友的灵魂中实现。③这种以言辞构建一个理想城邦以服务于人的自我教育、自我完善的古典政治学的目的，在现代政治学中完全阙如。现代人认为，古人是迷信的，他们把虚幻不实的东西即"想象"当真了。古代权力不干涉"真"，哪怕暴君通常也只满足于对物或作为物的人的统治，不做驱散滋润人的生命的"气息"的事。④现代政治则以为，一

① 古典政治学也讨论现实政体，如《理想国》卷8、《政治学》卷4—6，但其目的不在于服务于现实统治者，而在于使人们认清灵魂在不同政体下的处境，或者，危险，这对关注自我教育和灵魂上升的人来说，是必要的。

② 《理想国》是给予柏拉图的朋友们的，《政治学》是亚里士多德给予主人（家长）的——《政治学》始于家庭。给予家庭、朋友，比给予城邦更容易，因为，相较于城邦，在家庭和朋友之中，有着更多的天然的友爱。

③ 埃里克·沃格林：《柏拉图与亚里士多德》，刘曙辉译，译林出版社2014年版，第345页。

④ 法家的秦始皇、李斯等是古代世界的罕见例外。法家思想在其祛魅的彻底性上，完全可以被看作一种现代思想。这也是何以20世纪的中国人觉得法家思想分外亲切、秦皇李斯分外伟大。梁启超，刚刚走出古代（转下页）

切"想象的东西"必须被驱散;一切家庭的、朋友的共同体必须被纳入政治的官僚体系之中。"真"于是蜕变为官僚系统的档案记录。现代权力痛恨一切有可能逸出其控制的事物,尤其被认为处于内在主观世界中的想象。排除了"想象"的现代政治学,或者服务于权力的获取、维持和增长,或者服务于对政治权力结构之论证——它们分别见诸《君主论》和《利维坦》。①

古典政治学是一架引人向上的阶梯,个人被纵向地引向"整体"——即便不存于经验世界,但作为一种理念,比经验中的更为真实。现代政治学则人为地将个人横向地聚合成一种权力"整体"——一种超个人权力的和平共处的整体,为此,他们不得不制造出一个对立且凌驾于自身的异己产品——国家。②前者引导个人步入上升的道路,后者劝告个人遵从个体自我保存之道。

（接上页）世界,劈头撞上了现代世界,对古今之异洞若观火。他把法家的"法治主义"称作"物治主义",后者的关键,是驱散了人生的理想之"梦",而将人生视作一个物理之必然的世界:"物理为'必然法则'之领土,人生为自由意志之领土,求'必然'于人生,盖不可得,得之则戕人生亦甚矣。此义固非唯物观之法家所能梦见也。"(梁启超:《先秦政治思想史》,东方出版社1996年版,第196、192页)

① 与古典哲人对现实政治的"现实主义"看法不同,迎合现实政治的人,却常常用"理想主义"来看待现实政治,他们认为,现实的权力者——无论是一个人、少数人,还是多数人——才是教育者,后者立于绝对正确的立场、拥有准确无误的起点或开端,就像苏格拉底的控告者,足以用各种手段——公开的或秘密的——"关照他人"。极权统治者往往自视为德性生活的教育者,从而将其权力渗透于人民生活的每一个角落。

② 随着科技的发展,"国家"似乎愈来愈具有"理念"性质,即愈来愈成为人肉眼无法觉察的存在。但看似无形的力量终究是物质的,而且,是一种较人的肉体远为低劣的东西。

余论

今天，政治思想史研究所面临的最大问题，在于距离对政治和政治学的古典式理解愈益遥远。思想或学说与生活之关系的古典式理解也几乎丧失殆尽。今天的政治研究者，言辞不再是行动的核心、理论不再是实践的至高形态。既丧失了对美善的观照，又失去了对思、行的古典式理解的现代学术研究者，成为被亚里士多德拒绝授予公民权的俗匠。

古代社会，权力尚未宰制思想，奴隶身体固然在枷锁中，思想却是自由的。现代社会，知识成了权力的奴婢，受利益和权力宰制。人号称自由，却只是身体自由，思想则在枷锁中。现代权力者运用一切可以运用的力量、发展一切可以发展的技术、动用一切物理的和精神的方式，探察、掌控和改造——如若不然，便破坏——人的思想。

古代科学（哲学）的重要特点之一，是拒绝成为对特定权力的意识形态辩护。在《伯罗奔尼撒战争史》中，可以读到类似意识形态辩护的大量言辞，但这不是哲学。哲学是对善的生活的引导。马基雅维里的《君主论》开启了这样一条道路：为权力者——君主——说话，它也是一种引导，却是对坏生活的引导，因为，在君主看来，坏生活是能够实现自己目的的好手段，这个目的——权力的获取、维持和扩张——在他们看来是无条件善的。

现代知识，标榜科学，标榜客观性，实际却服务于权力。

利益，尤其是权力利益是求知的动力。有人说，科技的每一步推进，都意味一个新市场的开拓，每一个新市场的开拓，都意味着新获得的利润。不仅如此，科技的每一点进步，还意味控制人的技术的提高，意味着权力者的权力在质和量上的增长。因此，现代对知识的崇拜，绝非出于对知识的单纯好奇心，而是出于实实在在的利欲和权欲。

古代，思想不仅意味着一套概念、推论、结论，也不仅意味着逻辑或经验事实，而且意味着一整套生活方式。犬儒学派，意味着一套真实的生活；伊壁鸠鲁学派是追随伊壁鸠鲁的生活。加入某一学派，便是像他们那样生活。学派林立，是生活方式的多元竞争：中国古代有儒、道、墨、农诸家和隐士派；古希腊有学园派、漫步派、廊下派、花园派。他们之间的争论，不只是言辞的，而且是生活和实践的。这才是真正意义上的"学派"。每一学派，都是一条"道路"：以美善为目的的生活之路。重要的是进入他们的生活之路，而不是辨析其语辞、概念的异同，参与其立场、主张的论战。

古代发生在学派之间的争论，不是今天意义上的理论问题，而是何谓美和善的生活的实践问题。它的"真理性"基于真实存在的生活，因此，有待于每一个信奉者以其生活实践来判定。因此，"学派"必然以一个圣人式的人物为开端和核心，他的言行是其学说的基础和论证。学说的验证既是内在的心证，也是外在的长期的践履和修行。

相较而言，现代社会的所谓"多元"，多在言辞层面。无论被动还是主动，所有人过着同一种生活：为各种权力所操纵的生活。民主社会的舆论，专制社会的监视，管控着每一个人，防止他／她竟然想在行动上而不仅仅在言辞上，信奉他的学说。对古人来说，"先行，其言而后从之"。(《论语·为政》)今天的"言"，则要合于"大人君子"隐微之意；"行"，要合于权力的操纵。

今天，在这个每一个字所耗费的是生命和鲜血的技术时代，学术产量乃至学术水准到底还有多大意义呢？！一切言谈、一切文字，不论其内容为何，甚至于对权力的控诉，都将丰富、充实权力者的资料库。因为，他们已不再是真正的有生命的存在，而只是存储器，是无人性的、无生命的指令。一切生命，在他们看来，不过是用于编织这一巨大权力体的材料而已。而权力者之间的战争，靠的是彼此抛掷无辜者的身体和大脑来完成的。多么高超的智慧啊！

在21世纪的今天，权力欲裹胁着技术，技术利用着权力欲，加速疯狂前行，所有古老的东西——人对人的善意、恻隐之心、仁慈和怜悯，都像深秋枯萎的树皮和枝叶，一路飘零散落。

那么，在这个大多数人即将成为冗余者的现代世界，谈论古代还有什么意义呢？

古代之于今人，至多只是地平线上的一道微光。虽然烛见了我们所置身的黑暗，却未必意味着黎明的将临——或许，这不过是落日的最后一抹余晖罢了。

"帝国"时代的政治

——《帝国：全球化的政治秩序》重述*

一

"帝国主义死了，帝国诞生了。"麦克尔·哈特与安东尼奥·奈格里在《帝国》一书中如是说。

这本奇特的书，写于海湾战争硝烟刚刚散尽与科索沃战争开始期间。本书作者把这两场战争看作帝国建立的两个标杆。那么，今天，他们或许会把阿富汗战争以及刚刚结束的美国打击伊拉克的战争视为帝国时代最初的两场典型的警察行动吧。《帝国》一书的诞生与其研究对象（帝国）的诞生是同步的，这是本书的第一个奇特之处。

本书第二个奇特之处是两位作者的组合，有评论说这是"古怪的一对"。麦克尔·哈特，美国杜克大学年轻的文学副教

---

* 本文原刊于《中大政治学评论》，肖滨主编，广东人民出版社2003年版。麦克尔·哈特、安东尼奥·奈格里：《帝国：全球化的政治秩序》，杨建国、范一亭译，江苏人民出版社2005年第2版。本文凡引此书，直接在引文后标注页码，不另注。

"帝国"时代的政治 ——《帝国：全球化的政治秩序》重述 107

授，精通法国后现代思想，作为福柯与德勒兹专家，写过《德勒兹：一位哲学学徒》（1993）。另一位作者，安东尼奥·奈格里，意大利人，曾在意大利帕多瓦大学任政治学教授，著名政治活动家。奈格里曾于1979年8月7日被拘留，罪名是组织"武装起义，阴谋颠覆政府"，同遭指控的还有五千多名自治工人运动的参与者。意大利政府指控奈格里为赫赫有名的左翼激进组织红色旅的秘密领导人与幕后划策者。四年后奈格里被无罪释放，不过不久意大利下院投票再次试图将其送入监狱，奈格里流亡法国。在法期间，奈格里在巴黎第八大学及国际哲学学院任政治学教授，写下不少著作，成为著名政治哲学家。1997年奈格里返回意大利，希望这一行动能解开十年来的死结：150名政治犯在意大利监狱中服刑，180名尚流亡国外。希望的和解并没有发生，奈格里被判十三年有期徒刑，目前正关押在意大利瑞比比亚监狱。

一老一少的两个人。一个系身世清白的年轻学者，一个是带着纠缠不清的历史问题的老革命家（奈格里自称是共产主义者，不过政府目之为"恐怖主义分子"）；一个是年轻的美国人（代表了时髦的后现代思想），一个是老迈的意大利人（头脑里满是"过时了的"马克思主义）——这样的组合看起来确实有些"古怪"。不过，哈特与奈格里的合作倒不是第一次，早在1994年他们就已合作出版了一部书，名叫《狄俄尼索斯的劳动：国家结构之批判》。其实在本书作者看来，这种"古怪"组合倒正体现了帝国时代的特征：杂交性。

总而言之，这是一本讲述"帝国"的帝国时代的书。

二

该书结构也很奇特，颇有点像奏鸣曲式的结构。全书分四部分，第一部分是引子，第二部分与第三部分分别为彼此对立且相对照的两个主题的呈示与展开，是全书的核心。两部分之间有一个插曲，称作"间奏：反帝国"。书的第四部分相当于一个再现部。

引子：帝国问题的产生

"帝国"问题由来已久。民族国家时代的经济与政治呈现出一种结构差异：一方面，"资本"的力量推动出现了一个"书同文，车同轨"的普世社会；另一方面，全球的政治世界依然处于民族国家的"封建割据"之中。这种不和谐的现象并不能以政治与经济的分离为借口，这种悖离必须被克服，因为，"政治是经济的集中体现"，这是现代性逻辑的重要一环。因此，尽管1648年的《威斯特伐利亚和约》被公认为替现代国际关系奠定了基础，但是，这一国际关系格局的本体性基础，是在现代经济活动之中，而不是在政治之中。因此，当经济全球化基本成形之后，出现对以民族国家为基本单位的国际关系的质疑，并不奇怪（例如完成于20世纪90年代初的《市民社会的帝国》）。这一质疑的前提是以民族国家为单位的国际关系体系确实已经在经济全球化的拉扯下支离破碎了。相对于贯穿整个现代性进程中的资本的普世权力，民族国家的"封建式"权力仅只是阶段性的，它在资本逻辑的要求之下终将发生变化。

目前经济的全球化已经发展到相当的高度，新问题迫在眉睫：以民族国家为本的国际体系将会走向何方，或者说，适合于经济全球化的全球政治形态将是怎样的。换言之，当"外部"已充分可靠地被纳入"内部"时（亦即资本主义开始丧失其外部时），当福山所谓"历史终结"来临之际，政治的终极形态将会如何？

《帝国》一书直面这一问题。有些评论家将此书视为新马克思主义的纲领或宣言，或许有些言过其实，但说它在很大程度上受到马克思主义的影响，则并不过分。在该书作者看来，马克思揭示了现代社会的一条基本逻辑，即政治终将服务于经济并消弭于经济的巨大活力之中。因此，全球化的经济将会出现对于全球性政治的要求，而在当前情势下，这种全球性政治的基本形态，只能是"帝国"。帝国之轮廓正在地平线上冉冉升起：

> 过去在帝国主义列强间存在着竞争和冲突，而今天，在许多重要的方面，竞争和冲突已为一种单一力量的思想所替代，这种思想控制、决定了它们的全部，赋予它们一致的结构，并以一种普遍的、后殖民和后帝国主义的权利观对待它们。在我们对帝国的研究中，这就是出发点：毫无疑问是一种全新的权力观，或者说一种对权威的全新刻画，一种保护契约、消除冲突的规范和法律强制工具的全新的生产方式。（第9页）

需要指出的是，这里所说的"帝国"绝不是现代帝国主义的回光返照，而是一种全新的有着强大生命力的统治形态。"帝国"作为一种新的政治形态，取代了旧国际体系的"大国"或"强国"秩序，取代了"帝国主义"。

该书作者认为，战争形态的变化是"帝国"出现的重要标识。当然，现代战争与后现代"战争"之间，是否存在着像作者所言的那种断裂，是值得商榷的。现代战争与前现代战争，确实有着本质的不同：在前现代，战争被视为探查天意的方法，而作为一种现代观念的"正义战争"至晚出现于法国大革命。作者所认为的后现代"战争"观——"战争"被弱化为一种警察行动，其结果为合法的，其功能为伦理性的——其实不过是现代"正义"战争的延续。审判战争罪犯，并非今天才有。因此，从这一角度来说，《帝国》本可以进一步提问：民族国家阶段是否仅仅为帝国的准备阶段或过渡阶段？

当然，作者确实看到，今天，全球范围内的暴力行使的所谓"合法性"，具有国内政府行使暴力的性质。因此，帝国时代的"战争"变成一种为自身提供合法性的活动。第一，其合法性来源于伦理（而不是民族国家主权）；第二，以军事手段维持秩序与和平被公认为一种行之有效的做法（而不受民族国家主权的限制）；第三，对手被庸俗化和绝对化：一方面被贬低为警察力量进行日常压迫的对象，另一方面被视为普遍意义上的罪犯，是对伦理秩序的威胁（而不是被视为一个对等的敌手）。从根本上说，合法性与强制性暴力彼此之间的互为确证与互为同一，原本是民族国家的内政的基本特征，今天却出现于全球秩序中。

"帝国"诞生的更重要的征兆，是国际间无正义之观念被打破。长期以来居于主流地位的现实主义流派认为，由于在国家间缺乏超越之第三者，故国家间的争斗实无道理可言。但是，在今天的国际暴力活动中，和平、秩序与正义，被视为根本目标，这一点在近十年中已被视为毋庸置疑。

普遍正义或伦理观念的出现，恰恰是"帝国"诞生，也是传统的民族国家的国际关系体系崩溃的明显征兆。帝国将伦理与法律的契合性和普遍性推至极致：天下太平，所有人平等地得到正义。帝国概念被发展成为一种维持天下太平、产生伦理真理的统一力量。国际"战争"被认为是为了达到和平与正义的目标、对"境内"的非法或反叛力量的惩罚。

尽管在该书作者看来，帝国诞生的标志是全球秩序同构于民族国家的内部秩序，但这并非意味着帝国秩序就是民族国家结构的扩大，并非"由内而外"，将国内结构推衍至全球，而是"由外及内"，以超国家秩序推衍出国内制度与法律体系。而且，超国家秩序的产生，也不是出于某一个国家的独霸愿望，而是直接来自全球性的生成活动。全球范围的立法活动，超国家法律秩序的确立，重构了民族国家的内部秩序，改变了民族国家的性质，"因此，超国家法律有效地支配了国内法"。（第18页）

该书的这一洞见，应归因于时势的发展，更应归因于作者的总体性视野，而这种视野在相当长的时间内，在一些学科中是缺席的。

第一主题的呈示与展开：凝聚的政治与生成的政治

民族国家有两个向度，一个向度是民族，另一个向度是国家，或者说，有两种国家，一种是政治国家，一种是经济国家，两种国家间的斗争构成民族国家时代的重要主题。尼采在《查拉图斯特拉如是说》中指责民族国家是民族文化的赝品，不错，民族国家有着赝品的自相矛盾的性质：一方面，恰恰是现代民族国家为全球普遍抽象价值的形成扫除了障碍；另一方面，民族国家不得不自居为民族文化的传人，即不得不承认自己的政治性质。

在帝国时代，这一斗争似乎已得到了根本解决，尽管余韵未尽。诸神之争的问题不是被认为已经消解，抽象的与形式化的（而不是实质性的）道德与法，不是将要为帝国提供普遍性价值吗？从此，帝国公民将不是通过民族文化或历史传统，而是直接通过帝国，获取共通性的意义与价值。

倘若帝国形态是对现代民族国家内在矛盾的一种解答，那么，帝国与现代民族国家体系便同样落实于现代性之中，是现代性的两种不同形式。因此，尽管《帝国》对现代性与后现代性之断裂，远甚于对它们之间的连续性的强调，但二者之间的关系，并非外在的，相反，后现代性深深地扎根于现代性之中，甚至可以说是现代性的一个内在阶段，正如帝国其实深深地扎根于现代政治之中，是现代民族国家之后的一个阶段一样。

现代性政治与古典政治的最重要差别，由马基雅维里所道出：权力被视作一种生成性力量，视作内在社会动力的产物与民众生活的产物，权力表达了民众生活的基础。在马基雅维里看来，民众生活的跌宕起伏，构成政治的种种表象。《帝国》一书对马基雅维里之于现代政治的开创性贡献了然于胸：马基雅维里触发了一场哥白尼式的革命，"政治重新被描绘为永恒的运动"。（第193页）

通过将政治规定为"永恒的运动"，马基雅维里首先宣告了现代政治形态的诞生。这种形态以变易性为根本特征。在西方世界，政治第一次被明确地表述为取决于民众的生生不息的流变之生活。因此，在马基雅维里那里，无限定之国家（或无限之政治权力）的概念已出现，《君主论》谈到权力的无边界性：权力（power）的自然边界就是力量（power）的数值，即权力无力外骛而不得不驻足不前之处。马基雅维里描述了一种新型君主国（现代国家），"扩张"被视为它的本性，其动力是内在性的。

将政治理解为一种生成性活动，是马基雅维里的伟大贡献。古典政治哲学顽固地将生成摒弃于政治之外（由此而产生的是对固守"政治—城邦"疆界的要求），现代政治则将生成活动纳入自己的核心，将古典政治哲学视为"外部的"立法活动、"外部"的战争、属于阴暗的私人领域的"家政—经济"及与之相关的阶级斗争，均纳入政治的范围。现代政治要求将"外部"视为"内部"，至大无外成了现代政治的本质。

现代政治的生成性就体现于此。它需要"外部"源源不断地向它提供生成的原料，事实上，"外部"是它的资源。相反，古典政治试图摆脱生成与流变，坚守本原，尽管这导致了"立法"活动成为它所无法摆脱且无法解答的难题。政治可以说有两个面相：一个面相是生成性的，一个面相是凝聚性的。前者关注作为政治之根本要素的流变、生成与消解，后者关注作为政治之另一根本要素的凝聚、秩序、稳定与维持。

现代的政治观与古典政治观大相径庭：这两个不同的面相同时被理解为"政治的"。在哲学上表现为，诸如在海德格尔与阿伦特传统中，生成性立法活动被重新阐释为政治的核心与基础。《帝国》一书认为，现代政治的两个面相分别体现于现代性的两个不同的甚至相互冲突的传统：第一，由文艺复兴式人文主义革命所开创，自邓斯·司各脱至斯宾诺莎，展现内在性，颂扬个体性和差异性；第二，"文艺复兴式革命后的热月事变"，展现超验性，最终达到现代主权概念，以之为暂时的解决方案（第169页，译文据原文略改）。前者可被称作"生成性政治"之传统，后者可被称作"凝聚性政治"之传统。政治作为生生不息的人的活动的一部分，生成与凝聚构成其两个基本面相。

《帝国》并没有把执着于"消解"的后现代思想，视作生成性的，这反映了作者的远见卓识。这里不妨将他们的洞察概括如下：

后现代主义者将其理论展现为政治解放工程之一部分时，不过是将刀剑挥向旧日敌人的影子。当今世界之权力结构及其逻辑对后现代主义的差异性政治已具备完全的"免疫力"。其实，帝国自身也正致力于扫除主权的现代形式，驱动差异在分界间的游戏。尽管后现代主义者有最良好的意愿,可他们的差异性政治不仅没有效果,而且更有可能同帝国统治沦为同路,成为其功能与实践的支持者。危险在于后现代主义理论过于关注旧的权力形式,它的头一直朝向后方,于是它很容易跌入新权力张开的臂膀。因此,后现代主义者指向一场走向帝国生成的转变。后现代主义简直就成了全球资本运营的逻辑。后现代性是资本主义积累和商品化的一个新阶段,它伴随着世界市场的实现而出现。(第171—182页)

那么,当代真正的生成性力量在于何处?回答有待下文。先看当前的凝聚性力量。"凝聚"意味着对是"谁"之问:"谁"决定了新的全球秩序的整体构成,"谁"规定了"正义""秩序"与"和平"的意义,"谁"悬置了历史,竟敢声称"历史终结"?

——美国!

《帝国》作如是的回答。

这一回答招致众多的批评。其实,《帝国》一书并不是为正在形成的美帝国辩护。因为在该书作者看来,帝国并不属于哪一个国家。帝国既不仅仅源于某一个国家独霸世界的野心,也不仅仅源于某一个国家在地理上的扩张:帝国是全球秩序的需要。问题在于产生帝国秩序的过程,是一个立法过程,是秩序的奠基阶段,也是一个将例外转变为规范的过程。换言之,这是一个生成性政治的活动。在《帝国》看来,对这个是"谁"之问的解答将取决于两个方面:就宪法结构而言,必须是最具生成性的;就国家能力而言,必须能够决定何谓例外,并决定自己就是例外的源泉。这样的一种国家，在该书作者看来，只有美国。

从立宪史的角度看，美国之所以具有这种特殊的地位，关键在于美国宪法自身的帝国倾向："帝国式主权的最根本特点在于：它的空间永远是开放的。……在帝国式主权观中，权力在扩展过程中不断地革新、再造自身的秩序逻辑。"（第197页）美国宪法的构造模式能够重新表达开放空间，能够在一片无边无垠的领域内不断重造网络中的多种多样的独特关系。因此，美国宪法"既适应于一个幅员广阔的帝国，又适应于自治政府"。（第191页）在作者看来，美、欧政治分别为生成性和凝聚性这两种类型的典型。"欧洲的现代主权观将政治力量放置到超验领域中，从而使力量之源同社会疏远。而在美国，主权观所指向的是一种完全内在于社会的力量。政治不仅不会同社会相对立，相反可以融合社会，使之完整。"（第195页）美国宪法最具流动性，含有反形而上学、反凝聚的倾向。

总之，美国主权观的第一个特点是：相对于欧洲主权的超验特征，提出内在权力的思想。把人类从一切超验力量中解放出来，其基础就是民众构筑自己的政治制度、形成社会的力量。（第195页）这个特点笔者名之为"生成原则"。第二个特点：这一生成性创造原则在一种辩证运动中服从于一个自我反思的过程，或为这一过程所解释。对此，笔者名之为"反思原则"。第三个特点：在认识到自身内部的局限后，这一主权概念具有发展的趋向，超越控制和反思，趋向于一种开放的、广阔的、运行于无边界的地域之上的政治工程，将扩展作为解决政治危机的根本方法。(第196页)这个特点,笔者名之为"扩展原则"。

三个特点,从生成至凝聚至生成,体现了现代政治的精神。

帝国式的扩展不同于帝国主义式的扩张。内在性主权概念中的扩展性是容纳性的,而非排斥性的。帝国主权并未废止或摧毁它在扩展之途中所遇到的其他力量,而是向它们开放自身,把它们纳入权力网络。开放是共识的基础,这样,通过权力与反制权力形成的网络,整个主权体就得到不断的更新。

就能力而论,帝国权威就是确定何谓"例外",且有能力应对例外,与此同时,获得合法权威,握有帝国司法权,成为帝国警察。换言之,帝国秩序的合法性支持警察权力的运用,同时,全球警察力量的活动证明了帝国秩序的真正效率。能力产生合法性。而具备这种能力的,在该书作者看来,只有美国。

因此,历史将借美国之手来终结自身。

帝国的诞生,客观言之,依赖于两种"外部"的丧失。现代的生成性政治,是将外部作为内部来消化,这使之有别于古典政治观。现代世界有两种类型的外部:自然界与非资本主义社会。对自然界的内化,通过人化自然来实现的;对非资本主义世界的内化,通过资本主义式的贸易、资本输出及其他文化活动甚至政治活动来实现。"外部"丧失的标志,就前者而言是发达工业社会的出现,就后者而言是冷战的结束。该书作者指出,内部和外部的空间构形是现代性中一个普遍的、基础性的特征,在从现代到后现代,从帝国主义到帝国的转变中,内部和外部间的区分则日渐模糊。在帝国世界中，内部与外部的辩证法将走向终结。

帝国的本质是融外部于内部。换言之，帝国没有外部，没有异端，没有敌人。当然，这也意味着另类就在自身，边界就在中心，外部涌现于内部。丧失了内部与外部之别的帝国，也将丧失政治。当然，这是就西方传统而言。从西方传统出发，政治必须在内部与外部的关系架构中得到确定。

这样，将自身维系于现代经济生活的政治，已将自身非政治化了。韦伯《民族国家与经济政策》的演讲，忧虑的就是这样一种"政治"。资本主义式的经济活动难以容忍内外之分，原因在于：其生长就是依靠不断吞噬自然与非资本主义的外部，使一切（哪怕自己的对立物）都成为可以通过市场估价的原料或产品，以维持自身的生产与再生产。通过这种机制，资本主义可谓百毒不侵！经济全球化意味着全球市场的实现，意味着对资本主义统一市场而言的外部之逐渐丧失："在世界市场之外再无其他，整个地球都成了它的领域。"（第222页）

鉴于帝国"无政治"，故文化民族主义将被取代。宽宏大度的帝国采取如下手法进行控制：

撇开差异。这意味着抽去帝国各构成主体的潜能，由此形成中性的权力公共空间，使普遍权力的建立和合法成为可能，而帝国的核心将由这种权力观形成。

从司法角度看，不存在差异，尽管从文化角度，差异导致了文化多样性。帝国不制造差异，它只利用现有的差异。

殖民主义注重意识形态，帝国则注重实效。偶然性、流动性和灵活性恰恰是帝国之力量所在。帝国并不否定或淡化差异，而是肯定它们，在有效的控制系统中安排它们。

《帝国》第二部分，即第一主题，是政治从凝聚走向生成，即从超越性主权走向内在性主权，也就是从民族国家主权走向帝国主权。第三部分，即第二个主题，是经济从生成走向凝聚，也就是从市民社会走向帝国。故第一主题的题目为Passages of Sovereignty（主权嬗变之路），第二个主题的题目为Passages of Production（生成嬗变之路）。无论是从凝聚性政治（超越性的民族国家主权），还是从市民社会（内在性的生成领域）出发，归宿均为帝国。

第二主题的呈示与展开：作为生成性政治的经济与作为凝聚性政治的政治

现代政治的本质是将生成领域的活动纳入核心，其生成活动在经济领域之中。因此，资本，作为经济领域的权力中心，是帝国的生成动力。资本的本性是漫延，是越界，是不断地将外部融入内部，"创造世界市场的趋势本来就直接包含在资本概念以内。每一种界限都表现为急待克服的限制"（第260页）这种不停地将外部融入内部的活动，是为了实现生产过程中产生的剩余价值并避免过度生产所导致的贬值。资本扩展其领地是资本生存的内在需要。扩展的唯一有效的解决方法就是发现交换商品和实现它们价值的新的非资本主义市场。非资本主义市场对资本主义来说是必不可少的。资本若不能持续越界，接受"外部"的滋养，便不能维持自身，"外部"是资本的内在灵魂。

资本主义和非资本主义社会的交往，不仅是为了掠取后者的财富，也不仅是出于人道或正义，而且为其生存所必需。这种"交往"不断将"外部"转变为"内部"，即转变为资本主义社会自身。"资本的饥渴必须由新鲜血液来平息，它必须不断地寻找新的领地。"（第265页）资本扩展的具体方式是：

一、在原始积累中，资本将人口从特别规范化的区域中分离开去，使它们处于运动之中。它清除了"产业"，从而创造了一个"自由"的无产阶级。资本向全世界不知疲倦地进军，去创造生产和流通的单一文化与经济制度的网络和路径；此间各种传统文化和社会组织均遭破坏。

二、资本将各种形式的价值带到一个共同的层面，通过普遍等价物（金钱）将它们联结在一起。资本倾向于将以前所有的名位、特权削减至现金交易关系的水平，即使其量化。

三、资本运作所依靠的规则并不是凌驾于资本之上且从高处指导资本运作的独立和固定的规则，而是内在于资本自身运作的具有历史性变化的规则：利润率的规则，剥削率的规则，实现剩余价值的规则。

但是，资本的这种使"外部"内部化的活动，同时使自身的"外部"变得日益稀缺，且最终消失。"外部"尚存时，向"外部"的扩张是帝国主义式的；当"外部"的持续供给出现危机时，内、外的辩证法便不适用了。帝国主义政策迟早会耗尽外部资源，而帝国将是帝国主义政策失效之后，应对"外部"缺乏的一种新的对策。列宁曾指出，工人运动的职责是反对每一个有效地将帝国主义利润率均衡化的资本主义企图，最需要避免的是走向"超帝国主义"的趋势，因为它将极度增强资本的力量，以致资本主义将不会倾覆于帝国主义阶段，而是继续前行。暗含于列宁思想中的选择是：要么是世界性的共产主义革命，要么是帝国。（第269—272页）世界市场的充分实现是帝国主义的终结，但并非资本主义的终结，资本主义还有它的最终形态（帝国），所谓"历史终结"不过表明到了其终极形态的阶段。

基于全球经济生成领域的活动而凝聚成的政治关系，在该书作者看来，就是全球权力的金字塔型结构：在最高层的水平上，存在着一个超强权，拥有在全球使用武力的霸权，可以独自行动，不过倾向于在联合国保护伞下与其他人联合行动。在第二个水平上，一群民族国家控制着全球的基本方面，如G7、巴黎俱乐部、伦敦俱乐部和"达沃斯"等。第三个水平上，则是一批参差不齐的联合体。这三个层面的力量，各有其代表进入帝国政体。因此，帝国政体是一种混合政体：第一水平的特权与决定例外的权力以及对暴力（尤其是大规模杀伤性武器）的垄断权，体现的是君主制原则；通过七国集团及跨国公司表现出来的是贵族制原则；以民族国家形式及各种非政治组织、媒体等等体现出来的是民主制原则。帝国控制通过三种全球的专制手段来运作，即炸弹、金钱和媒体，它们似乎分别是政体的三个要素的代表："炸弹是一种君主权，金钱是贵族权，而无线电则是一种民主权。"（第396页）

《帝国》并不以为当今"帝国"政体只是古罗马帝国的混合政体的复活。古罗马政治是凝聚性的，并不与生成领域保持自觉的关联性，而今天的帝国政治，作为一种现代政治，恰恰与生成领域的活动保持着一种活的关联性。

首先，后现代帝国的君主制包含了对世界市场统一性的统治，它保护商品、技术和劳动力的流通——保障整体的市场维度。

其次，基于上述原因，贵族制的职能与君主制的职能不可避免地整合在一起。在后现代贵族制下，问题不仅是要在产销商品的一个中心与边缘之间创造一个垂直通道，而且是要持续地将范围广阔的生产者和消费者放在市场之内和市场之间的关联之中。

最后，帝国的民主职能在这些相同的君主制和贵族制的杂交中得到界定，在一定程度上转变了它们的关系，引入了新的力量关系。

在传统的混合政体中，相混杂的力量在各自保持独立及差异性的条件下互相影响，而后现代帝国则是超越了各自功能的一种杂交。这种杂交决定了帝国的控制是网络式的。

君主制和贵族制的功能都指向新杂交政体的主观和生产的维度，但这些改造的关键在于民主，而民主的现世维度必须最终指向大众。帝国统治被直接施加于生产的和合作的主体性运动之上（即民众的生产与生活），制度根据这些运动的节律不停地再建构与再定义。这符合生成政治的原则。

后现代帝国体制的轮廓体现于全球通信网络。在网络中，各种关系的建立均源于和指向其所有的节点。一方面，在形式上，网络允许所有可能的主体同时呈现，但另一方面，网络本身是一个真正的"非空间"。网络貌似一种解放力量，但更可能是一种压迫力量。网络的开放性是以它的被操纵性与被控制性为前提的。恰如古典民主制下的民众煽动家，网络以民主之名行控制、专制之实。因此，在《帝国》作者看来，貌似开放性的网络却可能成为言论自由和民主的大敌，成为一种新的统治形式。

正如居伊·德波所说，网络是一种"景观"，一种意象与观点的融合之后分散开的工具，它产生并规范了公众的语言和舆论。在这种景观社会中，曾被想象成公共空间以及政治交换和参与的公开层面的东西彻底消失了。这一景观毁坏了任何社交的集体形式，同时强加了一种新的大众社交、一种新的行动与思想的统一性，在这种景观的层面上，政体上传统的斗争形式变得难以想象。在景观社会中，只有表象的东西存在下来，而主要的媒体则逐渐趋向于对大众表征的一种垄断。这种景观的规则清楚地统治着媒体鞭策下的选举政治；这种控制艺术可能首先在美国发展起来而今遍布世界。不过，在后现代条件下，并不存在一个单一的控制点统治着整个景观。后现代的政治控制如同资本统一一样，是一种无限定性的统治。

再现部分：帝国的非基础性、非形而上学性与非本体性

现代性的两个基调，第一个基调是形而上学传统，反对不确定性，主张超验性；第二个基调是主张内在性，坚持流变，反对超验性。后一个基调发展出了后现代性及其生物政治本体论。在该书作者看来，若在20世纪还主张超验性的政治，则很

难不堕入暴政和野蛮状态。

生成性原则被作者看作后现代政治中的第一原则，政治之不确定性源于生生不息的生命之流动，后者使权力结构（关系的凝固形式）不断重建与变异，因而丧失其本体性质。正是在这种情况下，一种非本体性的高度灵活的政治框架才成为必需。帝国就是这种形式。处在顶峰和最高点的帝国权力（垄断核武、控制金钱、使通信殖民化）能够保证非确定性因素不致成为颠覆性的，确保任何的意外可以变成必然，从而使秩序得以维护。但是，在帝国时代，没有人再把这些至高权力看作源于秩序的典型形象或者宇宙的标准，相反，其有效性建立于（炸弹）毁灭、（金钱）估价、（通信造成的）恐怖之上。在帝国中，价值与正义存在于无限的不限定之中，没有上帝，没有主人，没有人——没有超越性的权力或标准来决定我们世界的价值观。没有超越式的绝对，只有内在式的适宜。这是一种全新而又古老的政治形态。

故而：

帝国要求一切关系都成为偶然。帝国的权力正是建立在对一切确定的本体关系的破坏和分裂之上。在本体的真空中，败落成为客观和必然。败落引起了矛盾的扩散，在此之上，帝国主权滋蔓成长，稳定帝国的恰恰是它的不稳定和不纯净，而抚慰帝国的正是它所引发的焦虑和惊慌。永久的更改和变形、反基础论的基础、去本体式的存在，这一切因败落而得到正名。（第234页）

于是，帝国的政治基础被明确地安置于流沙式的民众生活而非确定性的神或其他超越性存在者之上。超越之存在者在形而上学传统中被视为"存在"，与之相反的民众则被视为"虚无"。从这一角度来看，后现代帝国政治的基础就是"无"，"无"基础是帝国的基础。但"无"并非没有，"无"是生生不息的生命之流动，是本质的感性活动，是生成活动自身。

帝国必须源源不断地从"无"中汲取滋养，因为它本身已丧失了实体性。为此，帝国政治膜拜那些曾经被视为低级存在的纯粹感性活动：爱和欲。政客式的活动毫无意义，政客在今天必须仰望生育的、欲望的和爱情的权力："政治理论须沿着这些线索对其自身重新定位，并采用生育的语言。生育是生命政治（biopolitical）的帝国世界的原动力。"（第442页，译文据原文略有改动）民众是生命政治的自我组织。

民众（multitude）是《帝国》一书的一个重要概念，是帝国政治中的生成力量的核心，这一概念与古典政治哲学中的"神"或"本原"相当。该词既可译作"民众"，也可译作"杂多""质料"，这两种译法其实彼此关联。在形而上学传统中，"杂多""质料"是否定性的、消极的东西，表示非确实性、模糊性甚至非存在。

被排斥出古典政治哲学视野的"民众"，被视为帝国时代政治的一切生成与变化的源泉。作为这样一种源泉，民众获得了革命性或颠覆性的特性。民众是流变的，因而是非存在，或者存在程度很低。但是，流变性就是生成性，生成性就是生产性，在现代世界，它成了一种肯定性的东西。《帝国》作者敏锐地看到，马克思的无产阶级概念的核心正是生产性／生成性，无产阶级的核心就是"无"，就是"非存在"，但正是这个"非存在"，构成了生成政治："在生成政治生产的层次上没有考勤的记时钟在敲击；无产阶级整日到处以其所有的普遍性进行着生产。"（第457页）作者认为，无差别的大众曾经能够摧毁现代传统及其超越力，而今显现为一种强大的生产力和不可抵制的维持价值的源头。但是，民众之作为一种颠覆性力量，只是一种可能性和潜在性。只有"基本上当民众开始怀着足够的意识直接面对帝国的中心压制行动时，民众的行动才成为政治的"。（第454页）

三

马基雅维里《君主论》宣告了一种全新的政治形态（现代国家）的诞生，《帝国》是不是同样将向我们宣告了一种全新的政治形态（后现代帝国）的诞生？在我看来，如果这一宣告在实际中可以成立，那么，后一种政治形态，相对于马基雅维里揭橥的现代国家，尽管在形态上截然不同，却都建基于生成政治之上，可以被视为同一个时代的前后两个阶段。不过，这一形态也确实导致了对西方政治传统的一种彻底突破：是斯宾格勒的恺撒主义吗？

让我们描绘一下帝国时代的"政治"吧。

首先，这里没有了敌人。在帝国的发展和扩展的根基中有一种和平的思想。这是一种内在的和平思想，以对立于超验的和平思想。对后者而言，社会的本性就是战争，只有超验主权才有能力把和平施加于社会之上。帝国式主权则与之相反，在这里，和平是社会的本质。帝国对超级炸弹的垄断，将最终使战争降到一场有限的冲突、一场内战、一场肮脏战争的层次，在本质上使每场战争成为治理的警察行为。

其次，在这里没有了边疆，因而也不再有边境之外如潮汐般涌来又退去的野蛮人。国防部成为内务部，军事行动变成了警察行动。既没有了敌人，也就没有了对敌人的征服。伟大的征服将永远属于历史，这里有的只是平叛。帝国的活动将最大限度地疏离于民众的日常生活。只有在民族国家的时代，政治才是民众生活的重要部分，甚至赋予民众生存以重要意义。在帝国时代，"封闭社会"被认为终将瓦解。帝国满足于灵活地调整自己的策略以维持秩序与稳定，民众自足地过自己的日常生活，从中发现乐趣与意义。

由此可知，帝国时代是一个无政治的时代！

亚历山大或汉尼拔的仰慕者终将发现他们生错了时代，或者，今天还有最后一次机会，但能做的至多不过是图拉真式的，而且民众恐怕不再会去仰慕并视之为伟业了。

谁是那做着最后的征服世界之梦的图拉真？有人批评《帝国》的以美国为帝国伟业之担纲者的观点，以为这是在为美帝国张目。其实，该书作者并没有把美国视为帝国的"皇帝"。但是，在帝国的草创阶段，是需要有野蛮人的，这个野蛮人将成为帝国事业的代理人，野蛮人的非文化性（野性）将有利于这一帝国的创建。因为，正是野蛮人才更适合于空洞抽象的普遍性原理；正是野蛮人才能无视历史悠久的伟大而独特的文化的精妙与高贵，毫不怜惜地践踏它们；正是野蛮人才能自以为是地把自己想象成亚历山大或汉尼拔，尽管在事实上他可能连图拉真都不是。

1997年，大概该书已经写完了，奈格里回到意大利，他渴望和解。有人评论奈格里的这一行动可谓"执迷不悟"。有人（如Gianfranco Sanguinetti在他的好几本书中①）认为，发生在1969年12月12日的米兰Fontana广场的爆炸事件既非极"左"（无政府主义者）所为，亦非极"右"（法西斯主义者）所为，而是意大利秘密警察嫁祸于人的栽赃之举；这些"恐怖活动"根本不是为了动摇乃至颠覆政府，而是相反，是为了找到一个借口以使政府可以镇压日益壮大的工人运动。当时所谓的"恐怖组织与恐怖活动"，原只是意大利政府的"制造紧张策略"（the strategy of tension）的一个组成部分。而奈格里与其他人一样，都相信存在着一个组织且制造了许多爆炸与暗杀行动的极端组织。他们都相信这些极端组织（如红色旅）从事了恐怖活动，他们都认为这些极端组织尽管可能出于良善意图，却采纳了极其错误的甚至可怕的策略。这些被政府所迫害的人都相信了：存在着红色旅，它们采纳了运用暴力的错误方针。

奈格里究竟是不是红色旅的幕后策划者，红色旅是否真实存在，这些暴行是否红色旅所为，笔者不是历史学家，无法

---

① 1969年12月19日出版的一份宣传小册子*Is the Reichstag Burning*? 他在1975年7月又出版了*The True Report on the Last Chance to Save Capitalism in Italy*，该书多次重印；1979年在意大利出版了*Remedy to Everything*，其法国版题为*On Terrorism and the State*，出版于1980年。

对这些问题做出判断。其实，即便历史学家也不一定能够弄清楚这些问题。整部人类历史，尤其是政治史，充斥着谎言与欺骗，包含了太多的永远无法揭开的谜团。而所谓的历史"事实"，很少不是由权力所制造的。况且人们对真相或真理的兴趣，决不会超过他们对自己利益的兴趣。问题在于奈格里的和解姿态，是不是与帝国时代的降临有关呢？在帝国时代，没有敌人，不存在敌我关系，"政治犯"的概念大概也应该消解了吧，政治人应该解甲归田，不是吗？不过，意大利政府并没有接受他的这种和解姿态，十三年的牢狱生涯等待着这一位试图走出是非之地的老人。哪怕人民天然地是"去政治化"的，统治者却依然掌握着使前者"政治化"的权力。

在帝国时代，在全球"政治"的时代，似乎一切都应和解。"溥天之下，莫非王土，率土之滨，莫非王臣。"所有人都将是帝国子民。只是与过去的帝国不同，后现代的帝国，将找不到一个明确的君主。这也就意味着，谁都可以过一过"君主"的瘾，借助帝国权力施加于他人。

最后，我们要问，什么是帝国时代的政治？照该书作者看来，由于帝国无内外、无敌我，故帝国无政治。好吧！这个回答是可以理解的。政治就是区分敌友，这是西方政治传统的要义。不过，不要忘记了非西方世界在当今世界中将被视为帝国内部的一个组成部分。帝国如果意味着西方式的政治概念在现实中的消解，那么，从"外部"即"内部"的角度观之，作为其"外部"即"内部"的非西方式政治，又将会是如何的呢？

沃格林：何枝可依？
——读沃格林《自传性反思》*

要谈20世纪后50年美国政治哲学，有三个人不能不谈：汉娜·阿伦特、列奥·施特劳斯、埃里克·沃格林。

三个人在美国政治学界都很另类，而沃格林在三人中又属另类。他们都出生于德国，都是政治流亡者。三人中，列奥·施特劳斯的政治嗅觉最见敏锐，1932年，纳粹上台前一年，施特劳斯便离开柏林犹太研究院到英国，1938年又到了美国。在此后余生中，除了短短几日，施特劳斯再没回他的祖国。阿伦特好像缺乏施特劳斯未卜先知的政治才能，1933年德国国会纵火案后被拘押，幸好很快逃脱，于该年秋天转道布拉格、日内瓦至巴黎。1940年5月，阿伦特又被关押于法国集中营，6月，巴黎被占领，阿伦特乘乱出逃（未能逃出者1942年被送往奥斯威辛），徒步200公里到蒙托邦，获赴美签证及西班

---

* 本文原刊于《东方早报·上海书评》2010年7月25日第4版。沃格林：《自传性反思》，徐志跃译，华夏出版社2009年版。本文凡引此书，直接在引文后标注页码，不另注。

牙、葡萄牙的过境签证。1941年4月，阿伦特渡过大西洋，抵达纽约。沃格林则虽能有所判断，却险些吃了误判的亏。20世纪30年代时，沃格林在维也纳任教，认为奥地利在1933年建立了一个威权体制，因而在抵御国家社会主义上是安全的，他当时以为威权主义可以遏制意识形态极端分子、捍卫民主。这一误判使他迟至1938年才着手移民美国的事。手续尚未办好，盖世太保已经上门，要没收他的护照。当晚，沃格林踏上前往苏黎世的火车，抢在盖世太保逮捕他之前，离开了奥地利。沃格林后来回忆说，在苏黎世办赴美签证时，恰逢一位天真的政治人，此人是苏黎世的美国副领事。这位哈佛毕业生认为沃格林既不是共产主义者，也不是天主教徒或犹太分子，就没有理由不是一个国家社会主义者。这位天真的政治人，险些阻断了沃格林的生路。

这三人都很运气，但也有不像他们那样运气的人。本雅明在1940年8月抵达马赛，把手稿《历史哲学论纲》托付给阿伦特。他虽有签证，却滞留在法国没法脱身。本雅明试图翻越比利牛斯山去西班牙，可在一个叫布港的边境小镇处，得知边境已关闭，随后被边境官员拘留，次日将被遣送回法国，绝望之际，本雅明服毒自尽。后来，布莱希特为本雅明写了一首诔诗，题为《惊闻流亡者W.B自杀》：

噩耗传来：抢在屠夫之前／你自己下手结束自己。

八年流亡，眼睁睁凶恶敌人崛起／最终面对不可通过的边界／人们说，你通过了一个可通过的边界。

帝国大厦纷纷崩溃。黑帮头目／神气十足，弹冠相庆。民众／在暴力之下灰飞烟灭。

未来隐没于黑暗。正义力量／软弱无力。你洞若观火／于是把会被曲扭的肉体毁灭。[①]

本雅明没有能够做成流亡者。流亡去美国的人是幸运的。这也是美国的幸运。美国战后的发达，尤其学术和艺术的发达，纳粹功不可没。1933年希特勒上台，50余万犹太人逃离德国，其中不乏优秀知识分子和各界精英。这些人中，有许多原本对美国及其所谓自由民主并不认同，但纳粹却迫使他们先帮助美国打败纳粹，后帮助美国成就战后霸业。

如纳粹这般热心资敌者，历史上并不罕见。绝对主义时期的法国，有一位名西蒙-尼古拉-亨利·兰盖的人，是当时英国议会政治的激烈批评者，却因得罪一名法国贵族，被关入巴士底狱。兰盖后来说："巴士底狱是一架绝好的望远镜，通过它才知道欣赏英国和它的法律。"伏尔泰从先前法国国王的歌颂者，到英法七年之战时为英国大胜而欢呼，恐怕未尝没有法兰西骑士的鞭子和巴士底狱的功劳。（见《伏尔泰的椰子》）最好的自由主义教育，莫过于此。谁能说那些专制主义者不是潜伏的自由主义分子呢？

20世纪30、40年代流亡美国的欧陆知识分子，有左翼的，也有右翼的。这些或左翼或右翼的知识分子，对英美式自由民

---

① 刘北成：《本雅明：思想肖像》，上海人民出版社1998年版，第215—216页。

主或资本主义，其实颇有微辞。像施特劳斯、阿伦特和沃格林至少都无法列入自由主义阵营，甚至还是自由主义的批评者，但美国不仅接纳了他们，而且，像施特劳斯、沃格林那样的学者还在美国大学占据了重要席位。这很类似于马克思批判资本主义的《资本论》，不是写于他的那个同样批判资本主义的祖国普鲁士，而是写于资本主义的大本营——英国。19世纪的英国几乎是唯一一个愿意收留流亡革命者的欧洲国家，是个人自由与言论自由最少受限却最少发生革命、最稳定的欧洲国家。美国在20世纪取代了英国的这一地位。

包容异己者的基础是美国政体，不是美国人。美国人也不免受时代气氛的影响。沃格林初到美国，先是在本宁顿学院找到一个讲师职位，但他很快发现，这里的环境，"与国家社会主义环境半斤八两"，只是这里的"主义"属于"左"，于是，"只有离开"。（第59页）在本宁顿，沃格林大概会回想起一年前在维也纳大学任教时的情形：只一天工夫，讨论班上的许多学生穿上了党卫队的黑皮。当时无意成为极右分子的沃格林，此时也无意成为极"左"分子。

看似严重对立的极"左"和极右两端，其实精神很投合，甚至具体事情也能彼此合作——极右希特勒和极"左"斯大林不是合作吞并了波兰，从而让大洋彼岸的左派们，干脆做了右派了吗?！斯大林和希特勒的这一场合作，开创了极"左"、极右两端交叉换位的传统以及极"左"被极右"哄骗"的先例。（当然，英法自由主义也脱不了干系。）其实，所有那些致力于敌我之分的政治阵营（权力自由主义也不例外）都无不同。他们一起炮击那两端（或若干端）之间的中间地带，以各自把当中的那些"动摇分子"，吓到自己的——实际倒不如说是对方的——阵营去。有人说，难道是为把他们赶入对方阵营吗？难道你竟然笨到看不出此乃著名的一石二鸟（或三鸟）之计吗？难道你没有读过谁都读过的金庸小说，不觉得这种手腕真是极高明而又很低调吗——挑动中间分子和对方阵营斗，再出来收拾掉那剩下的？所谓"螳螂捕蝉，黄雀在后"，不是这个意思吗？

从实践看，这一技艺尚有许多不成熟的地方，这里无暇多论。其实，最好的手法莫过于同时站在几个极端，既可以在左边将其作"右派"来打，又可在右边将其作"左派"来打，使之不出如来的掌心。有一固定立场，打人便有局限，自己也不免受攻。这一技艺的最后结果，便是无论打人者和被打人者群起练习凌波微步，以便打人或避打。但是，这和某些人所追求的"政治"境界，相去又何止十万八千里！而且，就这些阵营里的那些分子们、那些附庸们、那些被收编者而论，谁不知道在这炮声隆隆之际，正是各人扫清各自前进障碍的好时机呢？至于究竟于自己阵营有利，于敌方阵营有利，这些问题跟他们有何关系呢？至于更广大的利益，更不是他们所关心的。反正他们不是这个阵营，就是那个阵营，或既是这个阵营，又是那个阵营，或明是这个阵营，暗是那个阵营……道路不早已悄悄铺好了吗！——总之，有人愿意负总责。愈谋求敌我，愈不辨敌我，不是必然的吗？只要能斗争，不就其乐无穷了，何必在乎结果呢？

倘问沃格林：你"何枝可依"？他怕回答不上来。他既不属这一端，也不属那一端，因此，像所有这类"无枝可依"分子（当然，在两端看来，也就是"摇摆分子"）一样，是"被主义者"，可以收获"众多可能的标签"：共产主义者、法西斯主义者、国家社会主义者、老牌自由主义者、新自由主义者、犹太人、天主教徒、柏拉图主义者、新奥古斯丁主义者、托马斯主义者、黑格尔主义者……（第46页）但凡可以想象得出的名号，但凡那些"主义者"们自认为"眼中钉""肉中刺"的，便可赋予他。

不过，不论沃格林属于何种主义，他之反对国家社会主义，是肯定的。至于理由，沃格林在《自传》中讲了三点。一、基本反应。马克斯·韦伯要求学者有基本的"知性诚实"，而无论何种主义，都免不了要"主义者们"为主义而牺牲掉这种诚实。二、厌恶为取乐而杀人：其乐在于，"通过杀掉某人，而获得一种伪同一性"，而某些知识分子"试图藉着成为形形色色的杀人极权的娼妓而重获自我"（第47页），借权力扫清障碍，以成就其做第一人的雄心壮志。三、沃格林是一个喜欢保持语言干净的人，意识形态却致力于摧毁语言。谩骂、侮辱和威胁，为意识形态分子所擅长。他们酷爱下降，借此，他们可以反败为胜，重获优势。通过一件小事，沃格林描绘了20世纪30年代中欧的知识氛围。那时，他常与一伙马克思主义者辩论，一次，一场激辩后，一个年轻伙伴含着泪对他说："我们一掌权，非杀了你不可。"（第87页）这人真是一名真诚的极"左"派。当这些中欧左派在抛弃了思想和学术独立之后，连马克思所拥有的大英博物馆的一桌一椅都不可得了，老练、世故的极右派们，将把他们连同他们整日与之斗争的自由派一起，扫入政治垃圾堆。"一战"后，西方"上进"学界和文化界，无论左、右翼知识分子，普遍贬低所谓"资产阶级"趣味，批判"资产阶级"繁琐学术（倒与当初英国首相哈罗德·威尔逊的说法一样，后者认为《资本论》脚注过多而读不了），将复杂学术问题简化为非此即彼的政治立场（"极化语言"），"赋予了公共讨论一种明显的暴民统治色彩"，为意识形态分子出场创造了条件，而他们（包括那些以反资产阶级为时髦的资产阶级）也在自己的这种鼓噪中一起完蛋。

沃格林认为，那些造成了这种气氛的文学界和新闻界的"德语摧毁者"，对国家社会主义者的残暴难辞其咎。正是在公共问题讨论中采用恐怖主义和暴力的语言，使探讨变得虚假、扭曲、欺诈和低俗化。这种语言毁坏了认真、严肃地讨论真理的场所——大学和研究机构。"知性诚实"的丧失、智力水准的下降以及人的不愿和无能于平等、诚实的讨论，为希特勒之类人物的上台提供了条件：

> 希特勒现象并不被他这个人所穷尽。他的成功必须在一个知识上或道德上被摧毁的社会背景中理解，在这样的社会中，原本是荒唐可笑的无名之辈，可以获得公共权力，因为他们出色地代表了倾慕他们的人民。……德国知识生活在当代的毁灭，尤其是大学的毁灭，乃是导致希特勒上台并受其政权统治的致命毁灭。（第19页）

"二战"后，沃格林返回德国，意识到20世纪20年代有着最杰出学者和教授的德国大学已不复存在。大学已不再是一个可以安心从事严肃、认真的学术研究的场所，在柏林、马堡等地，极"左"学生甚至完全不允许任何一个非马克思主义者开口。上层大学人消失的结果是中低层大学人的存活，平庸而狭隘成为德国大学的普遍氛围。

　　较之于英美等国，德国所缺乏的，是人的共通感的传统。这种传统理应体现于政治建制之中，而不是——像许多人所认为（或不得不认为的）——仅仅体现于思想学术之中。政治稳定不需要以思想和学术的平庸为代价。导致政治动荡的，不是思想的左右摇摆，更不是音乐的左右摇摆，而是政治自身的左右摇摆。当然，沃格林不会天真到认为自由主义美国就是自由思想和自由学术的天堂。权力自由主义和国家社会主义一样不容忍不顺从者。美国也有类似苏联作家协会的主流学界，也有诸如大众媒体、大学科系、基金会和商业出版社这类体制机构及其所特有的知识恐怖主义现象，也有对文化人抱不放心态度的联邦调查局（FBI），也采用极权控制手段——尽管比较柔和、非政治和低调。但是，英美体制及其老到的政治智慧、敬畏知识的传统，在一定程度上延缓了自由学术在现代社会的灭绝进程。

　　20世纪40年代初，流亡美国的沃格林从更不宽容、更富极权主义攻击性的东海岸大学到了心态更开放、较少腐朽意识形态倾向的南方大学，在路易斯安那大学政治学系觅到了一个教职，担任美国政治、政治思想史的教学，还担任中国政治的教学工作。读者或许会注意到，沃格林对中国文化有着其他大部分西方保守主义者所缺乏的兴趣。沃格林自称其中文足以理解中国古典，"能在革命歌剧（样板戏）中认出周代的歌词，稍稍不同的是，周代的作者是在颂赞周朝的胜利，而现代革命歌剧则是在颂赞革命军队的胜利"（第65页）——这话或许会令一些人激动。不过，倘认为沃格林的说法提高了样板戏的档次，估计样板戏的制造者们会气得活转回来。令沃格林困惑的其实是周代诗歌和《样板戏》之间的相似处。1951年，这一困惑似乎得到了解答："在一个比较原始的社会，百姓没有能力进行理性辩论，也无法形成负责选择议题的政党，因此，政府将依赖于传统的或革命的力量，而无需得益于选举。人们容忍政府是因为，它或多或少恰当地实现了，任何一个之所以建立的政府的根本目的——保障国内和平，保护领土，执行正义，关心人民福祉。如果这些职能实现得还不错，政府藉以掌权的程序就是次要的了。"（第65—66页）沃格林指出，现代革命政府属于那些较原始的社会，它的历史意识形态发挥了传统政府所代表的神的作用。这个评论其实很居高临下。

20世纪40年代起，沃格林着手撰写《政治观念史》。这位专业为观念史的"观念史家"，不是黑格尔式的观念论者。沃格林认为，要探索经验，只能经由象征的明确表述，"要是没有关于直接经验的象征，根本就没有观念"。（第64页）象征是理解被表达的经验的关键，是观念和经验之间联系的桥梁，是从事观念史研究的基础。然而，经验、象征和观念三者之间的关系究竟如何，作为观念史研究之基础的"象征理论"的具体细节是怎样的，到沃格林72岁口述《自传性反思》时，依然"还没有完全弄清楚"。（第75页）这样，《政治观念史》便成为终究无法完成的工作。放下《政治观念史》，沃格林拿起了《秩序与历史》。前一书的重心在观念，这本书的重心在史料。但《秩序与历史》究竟也没有能够完成。史前领域和考古学的迅猛发展，使沃格林忙于重整材料，他希望未来的某个时刻能发表他的发现——又是一个无望实现的期望。

沃格林常被人批评为"傲慢""严厉"，从《自传性反思》中也可看出，他似乎不吝于将"笨蛋""文盲"一类的话赠人。不过，沃格林的态度，只是我们今天已不再熟悉，却是两千多年来一切文明的基本倾向：关注永恒的知识，而不是即学即用、为权力服务的意识形态。治学上沃格林不像现代专家，更像传统学人。他随问题进退，无视学科藩篱。他是现代学术的野蛮人，闯入任何有助于问题解决的领域。这样，尽管他的成果不算少，但所探究的问题的答案，却没有像流水线上的产品，定时定量。生有涯而知无涯，在沃格林身上体现得再典型不过。晚年回顾思想历程，如许多大思想者，沃格林深知自己"至今还没有完全弄清楚"的东西甚多。比较古代大师，沃格林似乎略有不及；但相比于当世某些执于一理便嚣然欲荡平天下的所谓学者，称沃格林为大师，不也是很恰当的吗？

自由主义与恐惧

——读《我们心底的"怕"》*

　　小时候有过这样的经历，被人问起怕父亲还是怕母亲，现在回想起来才明白：可以根据被"怕"的程度衡量一个人的权力。据说死是人最怕的事，让人死体现了最高级的权力：因此，古代有凡经过君主宝座而情不自禁摸摸脖子看脑袋是否还在的，有凡上朝离家前与家人作生死别离的……这些都是权力效果的体现。斯大林要尤金娜替他录莫扎特钢琴协奏曲第23号，第一位指挥晕倒了，第二位指挥丧失了指挥能力，不是因为莫扎特，而是因为权力。20世纪早期曾任美国司法部长的多尔蒂说：如果没有清洗、没有恐怖气氛，司法部的权力不就荡然无存了吗？①

　　不知道是因为人爱权力，所以才让人怕他，还是因为人爱

---

*　　本文原刊于《中国社会科学辑刊》（冬季卷），2008年12月，总第25期。柯瑞·罗宾：《我们心底的"怕"——一种政治观念史》，叶安宁译，复旦大学出版社2007年版。本文凡引此书文字，直接在引文后标注页码，不另注。

①　　王月瑞、杨园：《联邦国妖：埃德加·胡佛》，世界知识出版社1999年版，第36页。

让人怕他，才爱权力。不过，有时怕的对象并不那么可怕，譬如传统汉语语境中的怕父母，不会认为父母真的可怕，因为所"怕"的对象与"怕者"有一层亲缘或人情关系。古人将人情关系渗透到权力关系中去，以缓和紧张关系。现代的"怕"基于一种纯粹的抽象化权力，冷酷而缺乏人情，而且相反要渗透到自然人伦关系中去。如果说在传统社会，"怕"与特定的人际关系有关，那么现代社会的"恐惧"则是客观冷静的，它变成了现代人生活的一种底色。[①]

恐惧是柯瑞·罗宾的《我们心底的"怕"》一书的主题。该书有一半篇幅对恐惧概念作思想史探究（其副标题是：一种政治观念史），一半篇幅讨论现代社会（尤其美国社会）中的恐惧问题。这样的结构表明，思想史溯源同时构成对当前恐惧问题的思考的一部分。

一

罗宾的思想史溯源始于霍布斯，始于霍布斯的"出生"。霍布斯说，他出生时正值西班牙无敌舰队即将入侵不列颠，强敌压境，他母亲心里充满了恐惧，他是与恐惧一同降生的：恐惧构成了霍布斯的自然（人性）。

霍布斯是西方现代政治传统即（广义的）自由主义传统的源头。具有恐惧之天性的霍布斯，与看似轻快、无拘无束的

---

① 在《我们心底的"怕"》中译本中，"怕"与"恐惧"对应的是同一个西文词（fear）。

自由主义关系密切。所谓关系密切，不是说霍布斯的诸如控制思想、管制大学（大学被认为是政治叛乱之源）以及制造恐惧气氛的主张为自由主义所认同，而是说——如同霍布斯诞生于恐惧，自由主义也是恐惧的产儿。我们无法想象自由自在、无拘无束的人会把自由变成什么主义，并去论证它；只有整日战战兢兢、瞻前顾后、噤若寒蝉者，才会将自由视作人生美好之物，以之为主义。在使自由成为可欲这一点上，霍布斯的"恐惧"本性作了开创性贡献。

自由主义起源于恐惧。因为恐惧，自由主义成为可欲的。现实的恐惧构成了自由主义的基本论证。不过，该书作者罗宾并不意图仅仅重复这一更依赖于现实的说服力而非理论论证的立场，而是试图指出：第一，20世纪的历史告诉人们，恐惧并不必然导致对自由的追求；第二，从理论的角度看，这样的论证是脆弱的，而一旦恐惧的现实被忽视（或准确地说，被习惯），那么，其现实动因也不复存在。

或许有人以为，从哲学的（其实是后哲学的）观念来看，自由主义已经寿终正寝了。因为，正如多尔迈所指出的，经历了后形而上学的发展，个体性概念已然瓦解[1]，权利概念等等都不复具有真实的基础。然而，倘若自由主义同时还是一种源自人性的力量的行动，而不仅仅是一套静态的制度规划的话，那么，纯粹学理的论证或反驳都是不充分的。在形而上学终结一百多年之后，自由主义依然幽灵不散，有其现实原因。罗宾

---

[1] 参见多尔迈：《主体性的黄昏》，第1章，万俊人、朱国钧、吴海针译，上海人民出版社1992年版。

的思想史梳理，有助于我们更深地认识到这一点。

恐惧作为一种重要的政治工具，自古就有，但以人类联合而建基于恐惧之上，乃前所未有。恐惧通常使人分离，而非聚合，但霍布斯说：

> 人寻求彼此相伴的目的也许可以从他们聚在一起做什么推断出来……如果是旨在公共事务，那就会形成这样一种政治关系，它相信彼此的恐惧更甚于彼此的爱；它有时可以是小集团的起因，但绝不会是友善的起因。（《论公民》第1章第2节）[①]

俗话说，"惹不起，躲得起"，但霍布斯要这句话失效。传统的"躲不起"的是自然人伦关系。尽管有所谓无所逃于天地之间，但有时还有可逃之处："小棰则待，大棰则走，以逃暴怒也。"（《说苑·建本》）而霍布斯要以彼此怨恨、彼此构陷之陌生人，结成联合，似乎有悖人情。

霍布斯时代是一个自然共同体瓦解、人造的国家力量开始极度扩张的时代。要让那些被逼离于自然共同体、自由散漫的个人进入管头管脚的国家，需要极其出色的技巧。霍布斯的办法是，并非论证国家有多好，而是论证在国家之外的生活有多糟（甚至最糟）。这就是霍布斯的自然状态说辞：在自然状态中，人与人永恒为战，要避免陷于朝不保夕的状态，建构并进

[①] 霍布斯：《论公民》，应星译，贵州人民出版社2003年版，第4页。

入国家是唯一选择。

不过，人或许并不对自然状态感到恐惧。霍布斯的欧洲历经两千年的哲学和宗教教诲：一种让人学会乐于面对死亡的哲学、一种把死亡当作真正归宿的宗教，贵族主义传统也以欣然赴死为荣耀："上帝之子的气质，便在他的戎马生涯。""世界和平是反对上帝的最激烈的战争。"人们不怕死，怕的是死后的判决（信徒）、身后的声名（贵族），他们乐于在生前斗争，在身后安宁，而非安宁地度过短暂的一生，身后却受永恒的折磨。霍布斯必定认为，这种哲学与宗教才是人世自然状态的根源。恐惧是否属于人的本性，或者，是不是人的主导性情感，本是一个问题，只是霍布斯必须让其成为人的"本性"。准确地说，将其塑造为人的"本性"。正如他关于自己出生（起源）的自我叙事一样，他也试图建构有关人的出生（起源）的自我叙事：

> 死亡恐惧和自我保存的诫命不是对一个业已存在的现实的描述——关于人类在世界上如何行事——而是一项政治和文化再建设工程，需要树立一种全新的社会精神风貌和全新的人……这一代人生长在颂扬武力为美德的先哲的著述中，必须使他们意识到赞扬英勇捐躯的道德风尚是非理性和愚蠢的，也许是疯狂的……心存畏惧者，倒是真正理智的生物，他们善感而敏慧。（第48—49页）

也就是说，要造就一种全新的人：怕死的人（或者，理性的人），这种人（其实就是现代人）对"自然状态"感到"恐惧"，并且因这样的"恐惧"而不得不进入一个霍布斯式的有着几乎难以忍受的来自当权者和彼此之间的压制的国家之中。霍布斯颠倒了古典价值体系：恐惧上升为德行，为荣誉而战的战士德行下降为可鄙的陋习。在霍布斯看来，古典哲学和宗教让人变得不"自然"，他要求人的"自然"的恢复，只有这样，现代社会才能找到一种共通的基础：恐惧——将成为社会政治和道德的唯一基础，尽管它是消极的。

在现代门槛上的欧洲与在现代门槛上的中国所面临的状况迥然不同：欧洲因激情（宗教或荣誉的）而濒于毁灭，中国因麻木而濒于毁灭。对前者，似乎只有激发对死亡的恐惧才能止争；对后者，死亡恐惧毋宁是一剂使民族振作的强心针。在欧洲，要扑灭争斗心，须用死亡的恐惧来威吓人；在中国，要激发争斗心，须用死亡的恐惧来警醒人。

总之，霍布斯采用了如下策略论证现代国家的正当性：令人恐惧的外部（自然状态）是最大的恶，内部（国家）的本质是使内部不至于外部化。国家的奠基性活动，在于塑造民众的恐惧心，使人民意识到无政府状态的恐惧。[①]

无论霍布斯的后裔对霍布斯持何种态度，这一策略为他们所普遍继承。孟德斯鸠抨击霍布斯式专制国家，所用方法与霍布斯却并无不同，只是在霍布斯这里作为内部的国家，在孟德斯鸠那里被外部化了：专制被视作一种非欧洲（外部）现象。从霍布斯到孟德斯鸠，从孟德斯鸠到托克维尔，莫不遵循这样

---

① 通过人为制造恐惧，以使强力国家不得不被需要，是现代国家的常用策略，属于"英雄救美"式手法。

的思路，见下表：

	消极的道德基础（所要避免的最糟糕的状态）	可欲的政治形式
霍布斯	自然状态（恐惧）	主权国家
孟德斯鸠	专制主义（恐怖）	自由政体
托克维尔	群众民主（焦虑）	多元民主

避免沦落到自然状态，于是有了人造国家（霍布斯）；避免沦落到专制状态，于是有了共和政体（孟德斯鸠）；避免沦落到群众民主，于是有了多元民主（托克维尔）。在非此即彼的选择中，指出最糟的一个，另一个便成了必然选择。从霍布斯到孟德斯鸠到托克维尔，呈现为一种上升，每一次都去除了最糟的状态。

需要指出，这是论证策略，而非事实。上升也只是一种形式，而非实质。换言之，自然状态作为起点在霍布斯那里具有一种消极功能，从自然状态到公民社会，不是自然的发展，而是一种断裂。这种形式上的断裂常会使人忽略其实在自然状态与公民社会之间，不单纯是绝对的排斥和对立，而且包含着重要的共同性。这个共同性就是恐惧。由于恐惧需要恐惧来克服，由于从霍布斯、孟德斯鸠到托克维尔，每一次都是将原先的某种内部状态（霍布斯那里是宗教战争、贵族战争，孟德斯鸠那里是专制国家，等等）变成外部（需避免的最可恐惧的状态），表明在原有的内部状态之中本已包含了"恐惧性"，而为了克服外部的恐惧，公民社会（国家）的控制也愈来愈深入地渗透于人的生活，或者说，恐惧在日益内部化。譬如，相比于群众民主之恐惧之无所不在，专制君主之恐惧可能只及于高级官员①；阿伦特所谓的"全面恐怖"（一切人对一切人的监控和敌意）事实上恰恰存在于大众社会之中。

二

现代社会的恐惧不是霍布斯式的（这种恐惧意味着技术上的不成熟），阿伦特的"全面恐怖"概念才是对现代社会的政治恐惧的真正概括。在自然状态中，每个人都是自己的僭主，犹如独眼巨人统治自己的洞穴；专制国家只有一个僭主，所有民众被他统治；在民主国家，单一的僭主变成了多数人，他们有权平等地统治所有人。民主国家看似回复到了自然状态：所有人都是僭主，所有人同时受所有人的统治。在既是统治者，又是被统治者的情况下，除非积极地参与到统治他人的集团中，否则就只有被所有人统治的份儿了。因此，大众社会由于是多数人的统治，统治力量的强度为前所未有，从而被统治的强度也前所未有；问题的关键在于，你是否能挤入那个多数人的集团。

大众社会没有一个固定的统治集团（否则便是寡头社会了），统治集团的成员是流动的，松散的个人必须通过依附，成为该集团一员。一旦进入这个人员流动的集团，就可以对集团外的任何个人行使因依附这个集团拥有的僭主式权力。它的流

---

① 孟德斯鸠论专制政体的原则时说："老百姓应受法律的裁判，而权贵则受君主一时的意欲的裁判；最卑微的国民的头颅得以保全，而总督们的头颅则有随时被砍掉的危险。"（孟德斯鸠：《论法的精神》上册，第1卷第3章第9节，张雁深译，商务印书馆1961年版，第27页）

动性使任何人不得不随时随地与这个集团保持一致，否则便成为它的异己者。这种多数人的僭主制是"通过舆论观点制造出一种呆滞的相同"，"是多数通过公众观点和共同信念这样的社会机制来操纵权力，而不是通过传统的部门或国家武器"。这种僭主制，通常不是用人体暴力或监禁来威胁异见者，而是用孤立的手法，告诉那些敢于不同的人："你是我们中的陌生人。"它不剥夺异见者的权利，而是通过排斥，使他们的权利失效。（第103—105页）

在自然状态中，孤立是一切人的状态，但没有人比别人更孤立，因为没有一个使人更能感受到自己的孤立的多数人群体；在专制国家之中，僭主最孤立，其他所有人都是他的潜在敌人；在民主社会中，每一个人都陷入比在自然状态时更深的孤立中，因为他们需要面对一个抽象而流动的多数人集体，需要时刻防范被抛出这个集体；一不留神，未能跟上这个集体的时尚一般流转的公众舆论的脚步，便会成为多数人的僭主式权力所施予的对象。因此，如托克维尔所说，群众民主中的个人必须放弃自己的性格，以随时准备随大流。

一个墨守成规者屈从多数不是因为他没有权力，而是因为他没有性格。在旧政体下，贵族靠个人荣誉感来维持他的精神，他具备一种强有力的自信，使他"对个人抵抗有非凡的力量"。领导美国革命的老一辈联邦党人几乎都出自名门贵族，有一种"我行我素的大气"，一种"阳刚的坦诚和果断的思想独立"。这一荣誉感和独立性部分因为这些人拥有更多的才智和权力，更多则是因为他们与生俱来的性格。即便在民主时代，贵族遗老无权无势，仍有一套民主政治家学不到的处事之道。这些贵族"除去他们的没落，仍对他们的个人价值深怀自信"。他们在孤立和流放的状态下仍能"抵抗公众权威的压力"（第106页）。

而民主社会的民主政治家天生不会拂逆他人要求，不需要受到排斥的威胁才顺从群众的意向。凭着他的性格，或缺乏性格，他自然会害怕做任何可能挑战多数的事。多数的权威，于是像一股潮湿的空气浸润着民主革命家的自我。不用任何刺激或威胁，就已经把他的信仰内在化了。（第106页）

因此，尽管随着民主政体的成熟，权力逐渐蜕去其粗粝的外壳而越来越显得不具有压制性，然而，群众民主的发展有可能使越来越多的人参与到权力的压制性运作之中，尤其是参与到日常生活的监视之中，"在与多数实行思想控制的对比中，旧政体表现得相当克制，几乎是友善的；因为旧政体的国王和君主们只是寻求控制人的身体，对人思想的自由驰骋仍然极其放纵。多数虽则没有暴力行为，但他们实施的是更近距离的监视"。（第107页）

从少数人对多数人的有限度控制，到多数人对少数人的无限度监控，人的可能的生活空间在压缩而不是扩张。尤其是当一个人拒绝参与到这种大众的监控活动之中，就很可能被孤立，成为大众的监控对象，这就好比抢板凳游戏：不争不斗，就会被争被斗。

罗宾引用了阿伦特在《艾希曼在耶路撒冷》的看法，全面恐怖不可能仅仅为少数人所施行，没有大多数人的协作，全面恐怖没有可能性。野心家和勾结者的结合是全面恐怖得以可能的条件。反之，当社会中的大多数人拒绝做"勾结者"和"协作者"，全面恐怖就难以成功。缺乏大量的勾结者，哪怕像纳粹这样的强力政权都无法制造全面恐怖。阿伦特曾提及在纳粹统治期间，当丹麦整个国家从国王到平民都帮助并保护犹太人时，纳粹在丹麦的对犹太民族的灭绝行动便遭受了失败。（第160页）

全面恐怖的造成，不是意识形态的感召（尽管表面上意识形态常常是一个可以言说的理由），而是（从消极方面讲）害怕被孤立和抛弃，（从积极方面讲）出于某种通常所谓"上进心"的东西。民主社会中的个人，具有托克维尔所说的民主性格，缺乏独立思考的自信，一心希望站在强势一边以求安定甚至沾权力之光。沾光时，他们才自感力量倍增，在被排斥者面前，尤其会感觉自己异乎寻常的强大。当然，倘若他们以其膨胀了的自负，用以前所不敢的居高临下态度与后者打交道，如要不使他们的虚胀的信心受挫，其实也只能寄希望于后者同样因其被排斥而丧失信心；只有当后者与前者一样，把与强权共舞视作其力量的源泉，前者虚幻的力量才能被后者所兑现。虚假的权力感是大众参与或协作所能获得的最大收益。

全面恐怖甚至不一定是当权者的一厢情愿，民众的一种强烈倾向，毋宁是渴望一场翻天覆地的全面恐怖的降临：此时，日常生活中虚弱而无力的个人才可能通过择机进入某些阵营而随之显得强大；此时，投机相比于日常生活的持续努力才更显重要；此时，垂直上升的机会才可能被大量赋予普通人，仅仅出于他的加盟；此时，一个常人"被一阵风从毫无重要性和成就感可言的乏味生活吹进了历史，正如他理解的，即是说，使他步入一场永无休止的运动，其中有像他一样的人，居然东山再起，两手空空地打造一番天地"。（第156页）

普通人的推波助澜，裹胁着当权者在更深的层次和更大的规模上制造恐怖。众人需要有强大的势力来倚靠，如果没有，他们就要推动它的出现，这样，它也就真的出现了，尽管民众不一定明白，这一他们所倚靠的势力原本是他们自己创造的。艾希曼在解释他追随希特勒的原因时说："（他）也许全部都是错的，但有一件事不容争议：这个人能够使德国军队中从一等兵到元帅几乎八百万人都行动起来……仅是他成功的这件事就足以证明我应该听命于这个人。"（第158页）艾希曼不明白，这八百万分之一中包含他自己，同时，这八百万人所想的，可能与他并无不同。

三

罗宾在该书"下篇"指出，美国宪法所设计的制约专制暴政的三种制度措施——分权制衡、联邦制、法治，既可能有助于公民自由，也可能成为压制公民自由的工具。民主社会恐惧的根源在于民主类型的人格，僭政潜伏于日常生活之中。

罗宾对所谓"美国风格的恐惧"的论述有其普遍性：制度中的某些方面完全可以利用公民社会的放大效应，使它的压制性权力被成倍地放大。这种恐惧不是大规模的、硬性的压制，而是借用公民社会使压力渗透到日常生活的所有方面：就业及职场的制裁、社会舆论的协调、对商品进行抑制的动员、劝导个人屈从恐惧的教师和牧师、告密者的权力、对有关人员进行排斥、散布谣言。（第291页）所有这一切的主要目标是使对象被公民社会所排斥。

美国联邦调查局局长胡佛曾是"美国风格的恐惧"的主要发起者和领导者之一①，其手下特工采用窃听电话、检查字纸篓和垃圾箱、偷拆信件、从女仆口中探听雇主情况、约请嫌疑人的亲戚朋友对他们进行侦察、利用钓饵、逮捕人而不告之以理由、引诱人坦白，甚至动用武力等方法。②数百名国会议员、政府部长乃至联邦最高法院大法官受到监视、电话窃听、跟踪、办公室被秘密搜查等等秘密调查，调查局甚至在白宫安置特工、窃听电话，诸如罗斯福夫人、约翰·肯尼迪都曾被当作嫌疑人。联邦调查局的著名案例包括驱逐卓别林③，监视和调查爱

---

① 胡佛，冷战期间掀起"反共产党同情者运动"。此人凭借所掌控的情报机关，任联邦调查局局长长达近半个世纪，历经8届美国总统。美国人诺尔曼·马勒认为："胡佛的所作所为，比任何独裁统治者的危害都更大。"（王月瑞、杨园：《联邦国妖：埃德加·胡佛》，前言，第8页）尽管历任美国总统对胡佛的所作所为并非不清楚，譬如1945年5月12日，杜鲁门总统在一份备忘录中写道："我们不需要盖世太保或者是秘密警察。联邦调查局正在向这个方向蜕变。他们的职责本应是对付犯罪分子，但现在他们热衷的却是搜集名人丑闻并以此为把柄进行讹诈。他们对地方执法官员的藐视已达到无法容忍的程度。我们需要的是合作。"（同上书，第132页）但是，他们之所以不敢解除胡佛的职务，国会两院之所以对胡佛网开一面，主要还是出于对胡佛的恐惧。
② 王月瑞、杨园：《联邦国妖：埃德加·胡佛》，第45—46页。
③ "尽管联邦调查局用上了窃听器和告密者，仍然没有发现卓别林在政治方面的把柄，但鉴于他'道德上的堕落'对国家安全构成了威胁，应埃德加·胡佛的建议，司法部还是于1952年作出了将卓别林驱逐出境的决定。"（王月瑞、杨园：《联邦国妖：埃德加·胡佛》，第141页）

因斯坦①，讹诈马丁·路德·金②，等等。

1967年联邦调查局的一份备忘录中说："不能错过任何一个机会，通过反情报技术，探索这些团体（引案：指争取种族平等的社会团体）的领导人在组织和政治上的分裂，在可能的情况下，必须利用相互竞争的黑人民族主义组织中现有的分歧做文章。"（第289页）又如："通过公众的宣传而不仅仅是我们的宣传，保证作为目标的团体受到冲击，嘲弄，或名声败坏。"为扑灭美国黑人的民权运动，散播关于马丁·路德·金的谣言，进行威胁讹诈。在面对激进团体时，有关私人生活的谣言不起作用，便采取所谓"穿坏外衣"的手法，把对象诬陷为政府的告密者，以离间和分裂这些民权团体的内部关系。（第293—294页）

在民主社会，利用普通人来推行政治恐惧，既是最可取的，也是最有效的手段。该书作者引用爱默生的话说："那些无

---

① 当这位天性朴实的大科学家发现自己被秘密调查和监视时，不禁极为失望。1947年，他对外界谈话时说："我之所以选择了美国，是因为我听说这个国度有充分的自由。我把美国作为一个自由的国度，实际上是犯了一个错误，而穷我一生，也无法弥补这个错误了。"至爱因斯坦1955年去世，联邦调查局关于他的档案已达数千页之多，尽管并没有找到任何危害美国利益的证据。（《联邦国妖：埃德加·胡佛》，第141—142页）

② 尽管胡佛不断把经过自己剪辑、加工的材料抛出以败坏金的名声，美国人对黑人民权运动的态度却坚定不移。与此同时，胡佛对金的嫉妒和攻讦也越来越公开、直接。因为后者获得诺贝尔和平奖，胡佛断然走上了前台，把涉及金的一些"丑闻"素材分发给美国国务院和联合国等一些单位，并派遣查尔斯·贝茨前往斯堪的纳维亚半岛，实地揭露金的"本来面目"。在华盛顿，胡佛一改往常拒绝采访的作风，会见了18名记者，向他们大谈特谈"美国最臭名昭著的骗子手"。马丁·路德·金领奖归来返回美国时，胡佛对金进行公开的死亡恐吓："你的末日就要到了。你算是彻底没有指望了。"（王月瑞、杨园：《联邦国妖：埃德加·胡佛》，第218—219页）

知的穷人被煽动起来，那些埋藏在社会底层的愚昧的野蛮力量咆哮着推倒一切，这时若要镇定自若，等闲视之，则非超凡入圣之豁达修炼不能。"这种如穆勒在《论自由》中所说的巩固常人的口味和感觉以排斥天才的方式，原本只是属于小县城的无所事事、热衷于东家长西家短的见识平庸之辈，在大众社会的政治恐惧制造中，却被广泛地运用。（第291—292页）

罗宾详细分析了大众民主社会中的四种角色，他们在政治恐惧的制造中处于不同地位：

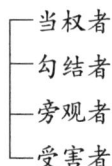

```
┌─ 当权者
├─ 勾结者
├─ 旁观者
└─ 受害者
```

在施行政治恐惧于全社会时，勾结者角色是关键。所谓勾结者，指那些与当权者协作的人，他们权力地位较低，并且试图将从事于政治恐惧变成他的一种真正意义上的公民事业。其作用是执行当权者看来有失身份的、不愿做的事：打手、嫁祸者、收买者、情报员和告密者。能否招募到大量勾结者，关系到政治恐惧的成败：

> 政治恐惧是需要人做工作的。要造成恐惧，有人必须出面，威逼利诱，发动宣传，散布流言，凡此种种。这些活动既非自发的，也非短暂的，它们需要当权者和勾结者不间断的努力。如果政治恐惧要在一段时间内持续，就要花钱请人做这件事，还得管理和提升这些人。政治恐惧

于是成了一门经济的实业，像任何实业一样，它会开出吸引人的条件，留住员工，给他们良好的待遇和个人前途。……政治恐惧也是一份职业。（第299—300页）

一个人，成长于民主社会的民主风尚中，却依然可能成为勾结者。作者分析了成为勾结者的两种动机：

其一，往上爬："抱负是一种公民的责任和世俗成功的标志，是取得公民资格的前提条件，受开导的追逐自我利益的人很容易相信他们不但做着聪明的事，也是正当的事。"（第254页）

其二，避免落入受害者之列。利诱和威胁都可以使人成为勾结者。勾结者有不少来自受害者行列或潜在的受害者行列。为了避免受害，转而去害别人。

另外，要尽量使除当权者和勾结者之外的人成为旁观者即看客：

> 政治恐惧指挥的不止是一小部分直接的观众，它得动员从将军到士卒，连同辅助的秘书，炊事员，勤杂兵等整支军队。政治恐惧还得依靠旁观者，他们的被动为当权者和勾结者铺平了道路，以及目标受害人的社区，在社区中好为人师的说教故事不胫而走，从而增强了恐惧的震撼效果。（第236页）

当权者必须"鼓动受害者以旁观者的身份行事"（第254

页），使受害者不会集体反抗。办法之一是使他们分批受害，尚未轮到受害的受害者会出于某种侥幸、出于害怕，甚至出于往上爬的欲望而旁观。要给予他们成为勾结者或当权者的虚幻希望，使他们不会往受害者一边靠。在现代民主社会的恐惧之中，尽管缺乏制度的全面支持，尽管只是少数人发动，依然能在一定时间内裹胁大多数人，使之卷入群众性的恐惧制造运动，原因就在于此。几个劫匪之所以能够控制一汽车的数十名乘客，所利用的就是每个乘客都想避免成为劫匪的直接目标、从而谁也不愿与受害者站在一起的看客心态，正是由于这种心态，他们逐个地成为受害者。对当权者来说，逐批的、每批少量地清除，是分化受害者群体以避免他们集体反抗的最佳方法。那些在清除前一批受害者时旁观甚至勾结的人，在沦为下一批的受害者时，尤其容易处于孤立地位。这就像剥笋一样，将受害者一层层剥去，而那些未轮到受害的，将更紧密地靠向这颗笋的中心，而愈是这样，他们就愈能轻易地从笋的表面被削除。

恐惧制造势力总是希望通过不断招募勾结者，从而力图形成一个线人社会、一个告密者社会，一个因而信任完全丧失的社会——只有这样，民众这一群体才能虽人数占优，却处于弱势之中。罗宾在书中提到，美国政府曾试图在每24名美国人中招募一名线人，以对他们的市民伙伴的行动进行举报。（第286页）不知这一计划是否贯彻实施，若真如此，那么，有上千万线人活动着的社会，一定会创造出更多的敌人来。不过，这一方法在清除美国共产党组织上面，确实卓有成效。20世纪60年代任美国司法部长的罗伯特·肯尼迪曾挖苦胡佛说："硕果仅存的共产党中，大多数已经是联邦调查局的卧底特工了吧！"[1]

现代国家主要不再采纳传统的强权压制，转而以利用社会成员的互相监控作为压制的主要方法。霍布斯曾说，要使国家中的个人在任何情况下都不会帮助统治者想要惩罚的人，或在统治者要求他援手惩罚某人时不拒绝出力，这样，即便个人保留了自卫权利，但在周围的人没有一个肯出手相助的情况下，他将发现他所面对的势力（国家）根本无法抵御。当这对每个人都成为事实——即他面对统治者完全孤立无援——时，利维坦就能以更为强大绝伦的面貌出现。统治者能肆无忌惮，为所欲为，是因为每个心怀恐惧的人都在帮他巩固权力（第59页）。通过这种方式，一个曾由苏格拉底所提出的古老悖论终于获得解决：民主社会中，少数人如何作为强者来统治大多数人——而多数本身就意味着强？解决方法就是：有效地利用多数，使之作为勾结者，依附在少数统治者周围；打破他们彼此之间的联合，使之互相监视、互相出卖、互不信任，使每一个人成为置身于周围人的无限敌意之中的孤立的、原子式的个体，使他们除了依附，别无选择。这是使民主社会中的大多数人依然保持相对于当权者的绝对弱势的方法。

当权者权力的绝对性源于大多数人以勾结者或者旁观者的角色进入政治活动，从而形成了一种全社会的政治恐惧。大多数人的妥协、侥幸、依附、勾结、讨好、共谋和嫁祸种种的权

---

[1] 　王月瑞、杨园：《联邦国妖：埃德加·胡佛》，第193页。

宜性的、势利的行为最终使历史不断重复上演着这样一出戏：勾结者本人成为受害者。直至此时，他们终于发现，恐惧之制造者之所以强大，至少有一半是由他们自己造成的。

四

罗宾对"美国风格的恐惧"的详细分析，说明恐惧并不总是能够促进自由，因为，恐惧的灾难没有直接落到自己头上时，许多人很可能采取做勾结者或至少看客的策略，而一旦社会中大多数人都成为勾结者或看客，对恐惧的有效反抗便完全不可能。然而，尽管作者努力渲染这种美国风格的恐惧的恐惧性，美国至少还没有出现纳粹德国式的集中营。在美国政治中，政治恐惧并非没有，譬如20世纪50年代的麦卡锡主义就是一个典型例子，但是，麦卡锡主义的狂热没有维持几年，而众议院非美活动调查委员会的调查活动也很快告终[①]，个中原因正是作者试图使读者领会的。

如果说，在大众社会，个人的从众心态会放大个别人或个别机构所诱发的恐惧，那么，一些基本的伦理价值对人们拒绝加入制造恐惧起了关键作用。譬如，当话剧和电影导演伊利尔·卡赞打算提供名单给非美活动调查委员会时，柯密特·布鲁姆加顿是这样说的："这总会过去的，但这以后你在孩子的

---

① 在麦卡锡主义横行的几年间，被关押或拘留的政治犯顶多200人，而且通常不到一两年就被释放了，因政治原因而遭到起诉和定罪的大约在几百人。（第274页）

眼中就是个告密者，想想这个后果。"（第222页）而告发了7人（其中包括他以前的女友和他的入党介绍人）的斯特林·海顿对自己的告密之举悔恨终身，他后来对柯恩说："如果不是听了你的话，我不会把自己弄成 J.爱德加·胡佛的坐探。你完全没有一丁点念头，自从那天我交了那封信之后，我对自己有多鄙视。"（第227—228页）私人义务和对同僚的忠诚被认为是更基本的义务："私密联谊的小圈子应该庇护人们免受压制性政府的侵扰"。（第229页）

非美委员会在1956年6月21日对著名剧作家阿瑟·米勒的讯问是一桩典型事件。当时，该委员会追问阿瑟·米勒是否曾把卡赞叫作叛变者和告密者，是否曾对后者的行为有过批评并与之断交。米勒还被要求提供他曾参加的一个马克思主义学习小组的成员名单。米勒的回答是：

> 我并不是在保护共产党或共产党员。我只是在试图保护自己的原则，我不能说别人的名字，由此会给他们带来麻烦。据我所知，这是些作家、诗人，而一个作家的生活除了某些时候的轻松表象，通常是非常艰苦的，我不愿给任何人的生活增添烦苦。我请求你不要问我这个问题。[1]

众议院非美活动调查委员会和美国众议院在1956年7月10日

---

[1] 《阿瑟·米勒在众议院非美活动调查委员会所作证词》，参见蒂姆·科茨编著：《玛丽莲·梦露：联邦调查局档案》，钟轶南译，上海译文出版社2003年版，第48—49页。

以及7月25日分别投票决定以藐视国会罪传讯米勒，地方法院判决米勒30天监禁（缓期执行）以及500美元的罚款（这一判决在1958年8月7日被联邦上诉法院撤销）。

一些基本的道德观念在抵制政治恐惧中起了关键作用，它们可能是些古老的、非意识形态的道德观念，包括对他人的忠诚和义气，包括不做一个出卖者、不做一个告密者。这，正是该书作者所要强调的：仅仅有恐惧这一自由主义的负面（消极）基础是不够的，自由主义还必须有基本的正义。

实际上，恐惧之为自由主义的消极基础，恰恰在于恐惧很可能激发了人身上的一种"意气"（thumos）。在作者看来，勾结者对权力的滥用（他们对权力的过度享受，他们的嚣张和压迫，成倍地放大了恐惧）倒是很有可能激发了人身上的某种顽强：

> 社会秩序对自我发号施令，强求个人服从，定要个人循规蹈矩。这种约束常常激发自我以更为倔强的、反抗的面目出现，这个自我信仰明确并愿意冒险去追求。一个马丁·路德或安娜·卡列尼娜——这些历史和文学上著名的拒不合作者大声说，"这就是我的立场，除此之外别无选择"。在对制约的反抗中，自我定义着他的信念，明确地表达他的原则——比在一个过分宽容的家长昏昏欲睡的眼皮下的回答要清晰有力得多。这种发自肺腑的不妥协的先决条件是一个压得他喘不过气来的社会结构。没有这一结构，叛逆者就变得浅薄和无聊，他的自由就是空洞的姿

势。"激进的自由，"沃尔泽坚持认为，"是一种浅陋的概念，除非它存在于一个对它具有巨大阻力的社会中"。（第176—177页）

《一九八四》中有一个场景，当时，奥布兰介绍温斯顿、茱莉娅加入兄弟会，对他们说：

> 兄弟会无法完全被消灭，因为它不是一般意义上的组织，它之所以存在，靠的是一种信念，那不可摧毁。除了这种信念，你们永远不会有别的来支撑自己。你们感受不到同志之情，也没人来鼓励你。最终被逮捕后，你们不会得到任何帮助……你们会工作一段时间，然后会被逮捕，你们会坦白，后来就会被处死。这些是你们将看到的仅有的结果，任何可见的变化在我们这辈子里都不可能看到。①

奥布兰是大洋国的一位意识形态官员，不过，是一个头脑清醒的人。他深知，只要有大洋国在，就会有兄弟会在。所以，他干脆自己招募兄弟会成员（当然，只要兄弟会在，他就被国家所必需）。绝对恐惧很可能产生它的对立面：对自由的绝对追求。这种追求甚至并不是为了达到某种自由的状态，而它的手段甚至也与自由原则相悖，它的目的就是对抗或试图摆脱当下的绝望状态。这样一些组织或活动，完全靠对它的压迫而

---

① 乔治·奥威尔：《一九八四/动物农场》，孙仲旭译，译林出版社2008年版，第125页。

生，或者，它们就是为了自由而生。在这种情况下，自由所企求的不是成功或胜利，而是"凡是能起到腐化、削弱和破坏作用的事情都行"！

在此意义上，恐惧可以成为自由主义的养料，成为自由主义的最大推动力。过度的恐惧过度挑衅了人性。从这一意义上说，确实没有比恐惧这一对自由主义更好的论证了。恐惧之反自由主义之道而行，却是使自由主义被视作普遍永恒之价值的最佳方法。自由依赖于它所要克服的力量而生，阻力愈大，自由的力量就愈大，如尼采所说：

> 在个人如同在民族，自由根据什么衡量？根据必须克服的阻力，根据保持在上之地位要付出的辛劳。自由人的最高级类型必须到那里寻找，在那必须克服最强大阻力的地方：离暴政咫尺之遥，紧靠被奴役之危险的门槛。

相反，一旦这一阻力消失了，自由主义制度建立起来，那么：

> 就立即停止是自由主义的了：此后对于自由来说，没有什么比自由主义的机构，是更麻烦和更彻底的亵渎者……只要这样的机构还被努力争取，它们就会产生完全不同的作用；它们确实会以一种强大的方式促进自由……①

---

① 尼采:《偶像的黄昏》，卫茂平译，华东师范大学出版社2007年版，第159—160页。

自由是在僵死与扼杀的环境下重获新生的条件，恐惧迫使一个人把他的注意力转向自由这一问题。而一旦自由主义制度建立起来，如若以为这种制度会一劳永逸地自动保障人的自由，彻底消除恐惧，那么，自由便真的不复存在了。自由只存在于恐惧所在之处。罗宾之浓墨重彩地渲染美国风格的恐惧，是否有这样的考虑呢？当然，他非常清楚，光是渲染并不够，恐惧完全会让人吓破胆，恐惧也完全会让人丧失判断力。作为消极基础的恐惧并不会自动拱手献出自由，自由不是现成被给予的，它存在于对最起码的人性的执守之中。我想，或许这才是罗宾撰写此书的目的。

残忍之为首恶

——读《平常的恶》*

一

　　但凡对当代美国政治科学有所了解的人，读到朱迪丝·N.施克莱的《平常的恶》，多少会有一点吃惊。施克莱在美国政治学界应该不能说太边缘，她1928年生于拉脱维亚，和许多美国犹太裔学者一样，为躲避政治迫害，流亡美国。在美国哈佛大学获得博士学位后，长期在哈佛大学任政治学教授，也曾出任过美国政治科学协会的主席。但是，她的这部出版于1984年的著作却迥异于主流的美国政治科学著作，风格独特。作为一种思想史的研究，没有常见的政治概念的分类、比较、演绎；作为一种对实践或现实的分析，却不以概念作为中介。施克莱自己解释说，她想用一种更贴近人和事件的"更具实质色彩的方式思

---

* 本文原刊于《公共儒学》第1辑，唐文明主编，上海人民出版社2019年版。施克莱:《平常的恶》，钱一栋译，上海人民出版社2018年版。本文凡引此书，直接在引文后标注页码，不另注。

考政治"（第345页）。那么，什么是她所谓的更具实质性的思考政治的方式呢？简单地说，就是：讲故事。

这是这本书引起我兴趣的主要原因之一。20世纪政治科学的一个引人瞩目的"成就"，是通篇政治概念和政治术语，却毫不触及政治现实。专家们还往往以此技法傲视"民科"。政治研究在不断"学术化""科学化"的同时，也在"无思化"，不再从事实质性的政治思考。一个人可以谈论政治、教授政治、研究政治、写作政治，只要无关乎政治。

施克莱在《平常的恶》一书中没有直接非议这种政治科学，她只是声明同时代人不是她想要追随的，她要追随的是蒙田。蒙田是16世纪法国随笔作家，所生活的年代略早于亨利四世，那是一个绝对主义王权诞生的时代。与晚于他的笛卡尔不同，蒙田不建构理性化的理论体系，只是写作长短不一的随笔，跟读者随意地、亲切地讲故事，聊他们生活所面临的种种问题。今天主流的政治思想史很少提到蒙田，一个重要原因是蒙田不属于近代以来的政治思想传统，而属于一种古代的哲学传统，这一传统源于希腊化时期的伊壁鸠鲁派和斯多亚派，它把哲学或学术，看作对人的真实生活的救助。这就是施克莱所认为的使政治理论"更具实质性"（第348页）的方式。在她看来，这种方式具备理性化的理论体系所不具备的优点：避免对现实经验和历史的非理性作理性化处理。

施克莱谨慎地表示，讲故事无法取代理性化的抽象分析，而只能是对后者的一种补充，但是，她也指出，对理解政治现象，讲故事或许能提供一种更为恰切的分析，因为，政治活动毋庸加工，就是一出戏。

我以为，施克莱试图延续为当代社会科学所忽视的一种古老传统：讲故事。古代史家如中国的司马迁、古希腊的修昔底德，以及从柏拉图到孟德斯鸠这些政治哲学家，大多是讲故事的好手。在这一传统中，关于政治现象的实录、关于政治理念的探讨，与生动、形象的文学性描绘，是水乳交融的。这一特点，在很大程度上可以归因于古代政治的表演性——政治就是一台戏：统治者不仅不回避"展示"，甚至把这看作他们的特权。古代社会就像一座剧场：政治人（统治者）在敞亮的舞台上行动，民众在漆黑的环型看台上围观。

只是到了现代，一切都颠倒了。与古代模式相反：光不是聚焦于舞台，而是打向看台，民众，虽然在某种程度上也只能是旁观者，却什么也看不到，而他们的一言一行，却巨细靡遗地落在统治者的眼里。这就是边沁用"全景监狱"一词来描述的情景。或许由于这一差别，到了现代，统治者的真实故事（历史），变得难以讲述了。于是，历史不再是对当下的实录，而是对既有历史的研究：古代史家可以写"今上本纪"，今天的历史研究者只能研究"历史"。统治者的当下言行，成了"新闻"："新闻"不是历史，而是宣传。当政治不再是一台可以被公众旁观的戏时，政治的性质也就随之发生了变化。统治者在敞亮的舞台中央，故事追随着历史；统治者隐身化之后，故事则追随于想象——后者既然不是对统治者言行的实录，是否还有可能成为触及真实的一种可能的方式呢？

施克莱的书没有涉及讲故事的古今之变，或许是因为她围于自己的政治经验的缘故。不管如何，只要讲故事，就是以具体人物——尤其是人物品格——为核心，就与以抽象概念为核心的主流政治理论不同。后者的目的在于认知客体，前者的目的在于救助自我。认知是知识性的活动，救助是道德性的活动。因此，讲故事的"政治理论"，更适宜于对道德问题的探讨。但是，道德，还依然是现代政治科学的一个"合法"论题吗？

二

除了方法，《平常的恶》的主题也具有独特性。"恶"是一个道德概念。今天，政治科学的常识是，善恶问题，或道德问题，早已被正当地逐出了政治科学领地。非道德——说实话，就是不道德——被看作政治的属性。马基雅维里在其著作《君主论》和《李维史论》中说，"作恶"属于统治者的"特权"，为维护权力，他们可以无恶不作；常人如果不愿作恶，可以不去搞政治。马基雅维里区分政治与非政治（道德）为两个不同的领域，政治无关乎道德。这一区分对现代政治学影响深远。

霍布斯不再把"作恶"视为统治者的特权，而是视作一切人的自然权利。但是，人们为了避免最大的恶——毁灭，彼此缔约，放弃自然自由，即作恶的自由，将之转让给国家。于是乎，唯有国家才保有自然自由，换言之，唯有国家享有"作恶"权。用霍布斯的话来说，国家超然于善恶之上，善恶由国家定。但是，国家无非是一些以国家名义行事的人，因此，兜了一大圈，最后还是回到马基雅维里：那些以国家名义行事的统治者，享有做一切事的天赋自由。用我们老祖宗的话来说，是："窃钩者盗，窃国者侯，侯之门仁义存。"马基雅维里与霍布斯的差别在于：对前者，国家是人格化的君主；对后者，君主是非人格化的国家。

由马基雅维里开创、经由霍布斯的现代政治传统，被马克斯·韦伯作了总结：

> 凡是将自己置身于政治的人，也就是说，将权力作为手段的人，都同恶魔的势力定了契约，对于他们的行为，真实的情况不是"善果者惟善者出之，恶果者惟恶者出之"，而是往往恰好相反。任何不能理解这一点的人，都是政治上的稚童。[1]

依然是两分：一种是为自己和他人追求灵魂得救的道德人，另一种是以暴力为基本手段的政治人，即不道德人。

这就是主流的现代政治传统。既然政治与道德被认为分离，不道德是政治的特点，那么，现代政治科学很少讨论道德，就不奇怪。讨论政治的道德多少将触碰被统治者或以国家为名义的统治者视作其天赋权利的"作恶"的自由——这被他们视作遂行统治的必要条件。在此背景之下，《平常的恶》以"恶"为主题，多少是令人吃惊的。

《平常的恶》讨论了五种"恶"，从第1章到第5章，每章讨

---

[1] 韦伯：《学术与政治》，冯克利译，生活·读书·新知三联书店1998年版，第110页。

论一种，它们分别是：残忍、虚伪、势利、背叛和厌世。五种"恶"，其实程度不一：有些是纯粹的恶，有些则不那么恶。这里先谈在我看来不那么纯粹的三种恶：虚伪、势利、背叛；然后再谈纯粹的恶——残忍，以及与之相关的恶——厌世。

虚伪很常见。现代社会崇尚"真诚"，虚伪普遍受到鄙视，是政治上攻击政敌或非政敌的常用利器，但是，作者也指出，如果认真计较，只怕很少有人能逃避"虚伪"的指控，因为，"任何掩饰自己感情的尝试，任何社交礼节、角色或循规蹈矩的做法，乃至只是没能认清自己的品格和潜在倾向"，都可以被认为是虚伪（第72页），于是乎，"可以在任何地方发现虚伪"（第71页），结果，现代人有一种对虚伪的恐慌。大概这就是在现代社会，低调处世，或者，自贬自损，如此流行的原因。

施克莱指出，虚伪并非一种纯粹的恶，其产生恰恰与对善的追求有关，只不过这种追求是一种对道德的强制化要求："虚伪是一种强制的形式。"（第75页）的确，在以强制性权力推行道德的社会，人们很容易看到两种共生的现象：一方面是权力者运用权力的毫无道德感——只要据说是为了道德的目的，另一方面则是在权力之下的被统治者的虚伪。

"虚伪是严苛要求的必然伴生物。"（第74页）在政治的道德家的专制统治之下，臣民们只会陷入不成熟的状态。他们怯懦、势利、虚伪；行事躲躲闪闪——因为不知道什么应该被隐藏——战战兢兢、如临深渊、如履薄冰。他们不可能拥有豁达的胸襟和气魄，但是，这些不正是统治者力图在人民身上所要打消的精神吗？看着臣民们行动的抖抖索索、精神的委顿，统治者由衷地笑了，他们的胸挺得更直，也更自信了。以道德为名的"专制"是败坏人的最好办法——而且，绝妙的是，这是以改善为名的败坏啊！对高压统治的后果，博闻多识的统治者怕不会不明白。但是，人民败坏了，统治者就更"贤能"了。

虚伪在很大程度上源于权力者的自爱。他们不过以道德的理由为其权力的无限制运用正名而已。

那些在无所不在的监视之下的臣民，动辄得伤害，却还不明其奥秘。这多高明啊！权力就有充分的理由毫无限制地渗透入社会生活——包括个人生活的———一切领域。

统治者是否真爱道德，只要看他们是否首先严以律己、宽以待人，还是：将最大的利益归于自己，将最严酷的权力行于他人。

总之，如施克莱所指出，"政府的品格也许与虚伪的发生概率存在着密切关联"。（第77页）在一个不需要智慧，却能更随意地迫害人的政府下，虚伪是一种高发现象。

势利和虚伪一样，也很普遍，而且，在一定程度上也与求善有关。虚伪和势利都相关于某种"上进心"，而这种"上进"一旦取决于权势，势利就产生了。年纪轻轻，就知道逢迎，就知道站在强势一边，不是因为要求"上进"吗？势利之徒是逢迎上位者，而上位者就是权力者。势利，权力者不喜欢吗？权力主导的社会，盛产势利之徒，并不奇怪。

势利和虚伪一样，其产生都与对善的不恰当的追求有关。

作为一种恶，背叛也有模糊性。它不是一种纯粹的恶，因为背叛往往与忠诚相关：忠诚此方，故而背叛彼方。韩非说：

"父之孝子，君之背臣也。"（《韩非子·五蠹》）故背叛之为恶的关键，不在于背叛本身，而在于背叛什么。这个"什么"，不同时代有不同看法。古代较难以容忍对亲友的背叛，而对对于国家的背叛，不那么介意。因此，对于普萨尼亚斯、特米斯托克力和亚西比德背叛自己城邦的行为，修昔底德并未表现出格外的惊愕；伍子胥说服吴国攻打自己的母国——楚国，也未见司马迁有微词。现代人不介意对亲友的背叛，但无法宽容对国家的背叛。而古今统治者都特别敏感于人们对他的背叛，最好把一切人都监视起来：从他们的行为，到头脑中的想法。

作为恶，虚伪、势利和背叛对人来说，在不同情境和场合下，性质不同：虚伪有时出于善意，势利未必都出于恶意，背叛则往往意味着冲突的选择；作为恶，它们都具有某种模糊性。残忍则不同：倘若是肉体残忍，则是存心施加肉体痛苦于受害者，引发其苦痛和恐惧，这是一种有意为之且形成后果的恶；倘若是道德残忍，则是有意识地破坏一个人的自身认同，或社会对他的认同。不管它是否被认为必需，但是，它在使受害者变"坏"或变"恶"这一点上，毫无疑问。厌世，在施克莱看来，在某种程度上与残忍有关。这两种恶，下节再谈。

三

人们能够容忍虚伪，甚至在某种程度上认为它是必要的，这是因为虚伪至少表明了对善之为善的认同。人们能够容忍势利，是因为善常常取决于权势。今天的人都不大介意背叛，是因为在这个原子式的社会中，忠诚大体上已难以找寻。在任意两人的关系中，都有凌驾其上的"天"在看且能随时介入的情况下，两个人之间的纽带，还能强过这强大的"第三者"吗？但是，残忍却绝对不能够接受，因为，残忍是对身体或精神的直接伤害，是对人的自我保存的直接威胁。在现代社会，对孤独自我的保存，是最后的底线，也是人所唯一能够执着的。因此，五恶之中，残忍被列为首恶，这不仅因为程度，而且也因为性质。

《平常的恶》对残忍的讨论，在书的首章，很吸引我。或许是由于我对此颇有体会，或许是由于我是一个中国读者：在中国传统中，残忍很早就被明确看作一种最严重的恶，这是中西传统的一个不同之处。

在西方古典传统中，残忍很少受关注，柏拉图、亚里士多德几乎都没有讨论残忍。残忍也未列入基督教的七宗罪中，或许因为人对神所犯的罪，才是最严重的，而残忍是人对人犯下的。施克莱指出，在西方，直到18世纪，欧洲人才普遍"把残忍当回事"。

中国人很早"把残忍当回事"——西风东渐之后，一些西化的中国人，很以为这是中国文化的一个固有弱点，应该为中国落后负责，尽管在这个"理由"之下，他们的残忍，至少迄今为止也还是施之于中国人自己。儒家传统提倡"仁政"，或者，"不忍人之政"，"不忍"的对立面就是残忍。梁惠王见牛，"不忍其觳觫"而"舍之"，孟子以为"仁术"。孔子主张"德礼"，反对"政刑"，就是反残忍，"刑"是肉刑，是对受刑者身体的毁伤。因此，中国的人道观念产生很早。当然，这不意味着中国古代社会和政治就消灭了残忍：女人缠足是一种残忍，延续几千年的宦官制度也是一种残忍，更不用说花样百出的肉刑和死刑，以及在史籍上比比皆是的治世或乱世的汉人自己以及异族的屠城"壮举"。但是，中国的确没有西方古典社会的那种奴隶制，走出贵族等级制也比较早，社会的集团性又比较弱，这些或许都是中国人道观念的产生早于欧洲的原因。

施克莱认为，在欧洲，残忍被视作诸恶之首的看法与蒙田有关。而蒙田之所以会提出这样的看法，又是对马基雅维里以残忍为政治所必需的思想的回应。上文已提及，马基雅维里以为，残忍为新君主巩固权力所必需。在《论李维》的卷1章26中，马基雅维里写道：

> 假如他是新君主，根基既不牢固，又不想以王国或共和国的方式恢复文明生活，他就更应如此行事：把城邦的政府、名衔、权力和人员通通予以更新；让富人变穷，穷人变富……如此一来，任何等级、制度、身份和财富，凡是能得到它们的人，都不会不承认那是来源于你。……这些手段极为残忍，与任何生活方式相悖，不但忤逆基督教，而且有违人性，任何人都惟恐避之不及，宁肯做一介平民，也不愿做这种戕害世人的国君。但是，那些不想走良善之道的人，如果他想自保，就必须作恶。[①]

---

① 马基雅维里：《论李维》，冯克利译，上海人民出版社2005年版，第116页。

现代主流的政治思想史，是从残忍的发动者的一方的角度来写的，即从马基雅维里——霍布斯——韦伯的角度来写的：论证了政治领域与其他领域（如伦理领域）的不同，并证明政治领域有其自律原则——超越于道德，等等。这就使人往往视而不见这样一个显而易见的问题：马基雅维里主义者只是在为了证明政治人有不道德的特权时，才把政治与其他领域区分开来，但是，当他们在运用权力的时候，他们从来都无视这一区分的界线。政治人从来都没有只把残忍限于政治人自身，而是毫无差别地运用于——甚至更乐于运用于——根本不想残忍的非政治人身上。简言之，一个为避免行残忍之事的人，尽管按马基雅维里的说法，可以去做一介平民，却并不能因此而不成为残忍的对象。有人要行残忍，有人就得承受残忍。政治人有特权可以以残忍对抗残忍，非政治人呢？

这就是蒙田的视角。人为何要受残忍之害？何以受害人之受害是必需的？马基雅维里从君主的角度，即加害者的角度看问题。那么，蒙田则"颠倒了马基雅维利的问题"[①]，从受害者的角度提问：在面对残忍行径时，是该诉求怜悯还是奋起反抗？（第17页）

对此，蒙田没有给出一个确切的答案。蒙田只是表明了对马基雅维里所认为的君主必需的残忍的态度，这就是：视残忍为"首恶"。施克莱说，这是蒙田对马基雅维里新政治科学的"一种及时反应"。（第18页）

[①] 为方便，除引文外，本书均采用"马基雅维里"这个译名。

如果说，马基雅维里的看法具有某种原创性——毕竟，在实践中行残忍之事，与在理论上论证残忍之必需，是不同的两件事——那么，蒙田的回应，则具有另一种原创性，即在理论上将之视作首恶。"受害者"概念的产生，正与马基雅维里的视残忍为必要的思想有关。《平常的恶》的一个启示，是指出蒙田在近代西方政治思想史上的重要地位，在于实现了一种视角转换：从加害人的角度，转向受害人的角度。只要有残忍，就会有受害者。残忍者的残忍必要，难道受害者的受害也就随之必要吗？

　　中国传统思想很早就考虑了受害这一问题，并且，一方面把避免权力者的残忍视作政治的重要目标，即行所谓不忍人之政，另一方面指出救助受害者的道义性。吁求统治者仁慈，呼吁体制外的救助力量，尽管有其实质性，然而，它们在现代官僚制的全能国家中，已大体无效。统治者总是要随心所欲地摆布小民，稍不如意，就要拿出各种手段来，至于理由，可以找，也可以造。有权力而不恣睢，岂不成了以天下为桎梏？岂不体现不出统治者的英明、智慧和高人一等吗？

　　对人何以会残忍的问题，马基雅维里的回答很简单：出于争权夺利之必然。而人——至少是统治者——总是要争权夺利的，这是他们的本性。马基雅维里用畜生来比喻他们：狮子和狐狸。而霍布斯修正说，不止是统治者，人都是畜生，都是狼。霍布斯的说法不如马基雅维里接近实际：更多的人不是狼，而是羊。信奉霍布斯的某某某主义者，为了使霍布斯理论成为真实，就像《东京圣战》里的那个教师，布了各种各样的必然性的局，也未见得把所有人都逼成狼，怕只是白白牺牲了许多羊。

对此问题，施克莱借助孟德斯鸠的小说《波斯人信札》指出，人的残忍与过度自爱有关。《波斯人信札》中那个喜欢以专横方式控制、摆布他人的波斯贵族郁思贝克，就自以为后房中饱受折磨的女人都深爱着他。过度自爱者总觉得他人未让他如愿，是对他犯下的一种严重罪行："你"为什么还不让"我"如愿？过度自爱者以为，任何人，只要他想，不必等他有任何欲望的表达，就应主动满足他的意欲。倘若未让他遂愿，那么，所有的人力、物力、资源、科技，都要发动起来，以使其意欲得以实现，于是乎就要残忍了。

当然，过度自爱并不一定导致残忍。很多人都过度自爱，只有拥有施加强力于他人身上的权力的人，才能够残忍。残忍需要手段和工具。因此，残忍是权力者的特权。权力者手头满是现成的资源、财富、人力，为遂其所愿，能够随心所欲、轻而易举地残忍。

20世纪可以被称作一个受害者的世纪。这个世纪，被残忍伤害、杀害的人数，超过有史以来的所有世纪之和。"专家们"很少认真思考这个显而易见的问题。受害者是失败者，是弱者，站在失败者、弱者一边之不利，"专家们"岂能不知。

专家们多站在统治者一边考虑问题。他们为统治者应具备强大的管控力量、应施行残忍提供理由，却很少考虑：何以人民必须被管控？何以统治者就应具有无条件加害于人的权力，何以他们就应具有随时随地加害于人的自由？简言之，何以统治者应害人，而小民百姓应被他们害？

受害这一现象，不仅指出了残忍，而且指出了冷漠和旁观。因为，只有外来的力量，即旁人，才能救助受害者。但是，很少有人会这样做。20世纪政治的一个突出特点，是将所有人塑造成冷漠旁观的自私自利者——无论这些政治在意识形态层面上如何对立。

蒙田属于从受害者角度看问题的少数人，施克莱也属于这少数人。她问：谁真的知道，如何看待受害者才是最合适的呢？我们能为那些受害者做些什么呢，我们能对他们做些什么呢？尽管我们有如此多的机会、如此充裕的时间来考虑受害者。

施克莱没有给出确切的回答，但是，她承认受害应该成为政治思想中一个无法回避的范畴，尽管这依然是一个难对付的概念。

在施克莱看来，只要是人，就不应被残忍地对待，"没有谁应该遭受骇人听闻的残忍处置"。（第29页）受害者不应遭受残忍，不是因为他们具有某种特殊性，譬如，"得体的绅士"，即便"纯粹的恶棍"，也不应被残忍对待。受害者不应被理想化。"我们对当前受害者的过高评价不知不觉间就会助来日的施虐者一臂之力。"（第29页）施克莱的这种态度不失为明智，因为，施行残忍者总是有理由的。多少年来，在某些权力群体中，不是始终在塑造一种反怜悯、崇尚残忍的"强者"文化么！

以残忍为首恶的蒙田和以残忍为必需的马基雅维里，并不像表面上的那样对立。在某种程度上，他们都沾染了第五种恶，即厌世。他们都看到了政治中的"残忍"，他们似乎都认为，这难以避免。对这一"事实"，蒙田在价值上予以否定，并选择了逃避政治的方式；马基雅维里则几乎以一种恶作剧的方式在价值上予以肯定，主张以恶制恶。

马基雅维里和蒙田一样，是一个愤世嫉俗者。他目睹了残忍，亲身经历了残忍。当一个人认识到，或自以为认识到，人的经验总有其局限性，世人都只关注一己之私，毫无情义可言，而那些手握权柄之人，为满足自身的哪怕最微不足道的意欲，也会毫不犹豫地加害于人，他就很难不像雅典的泰门那样，以为"最凶恶的野兽也比人类善良"了（第305页），这样，他成了厌世者。厌世往往源于残忍，却也可能成为残忍的一个新的源头。

厌世者不爱人，因为，在他们看来，人不值得爱。善良，或者，一切温情脉脉的东西，在厌世者看来不过是一些虚饰，掩盖了底子里的真正的残忍。"古来仁德专害人，道义从来无一真。"这种愤世情绪，这种对美善之全然不可能之绝望及其在根本上的弃绝，在混迹权力场的官僚和常与黑恶势力打交道的警察身上不少见；在那些见惯了不义、欺骗、杀戮的政治人脸上，也不难觉察到那种对人类的根本上的讥诮和不屑。

厌世者有不同的选择。有人离群索居；有人把对人的厌恶埋藏心底；也有人像马基雅维里那样，认为应该以残忍对待残忍。厌世者未必都是弱者，强者或自认为是强者的人，如《倚天屠龙记》中的谢逊，视生命如草芥，把残忍看作对待这个本质上邪恶的世界的恰如其分的方式。"世间从来强食弱，纵使有理也枉然。"尼采也属于这一类，他离群索居，却在书本中弘扬肉体的残忍。

也有弱者的残忍：滥杀无辜。滥杀无辜者中不少属于厌世者。当他们的世界被毁灭的同时，他们也不承认他人有生存的理由：所有人都不配活着。他们的残忍，与战争中彼此报复的残忍，性质并无不同——战争不也把平民乃至妇孺作为报复对象吗？人们之所以把那些以无辜妇孺为对象的滥杀看得更为残忍、更难以接受，仅仅因为这些行为看起来更怯懦、更不需要能力。人的一种势利，是跪伏在大杀戮者——如某某大帝——的脚下，而蔑视那些不杀他们的人。但是，正因为他们是怯懦的、无能的，才更容易成为高一级残忍的对象，从而导致了厌世。是谁锻造了残忍之链呢？不就是那个最强大的残忍者也就是以国家为名的人吗？而且，是谁让那些"懦夫"再也不敢"与汝偕亡"，而只能与妇孺"偕亡"呢？

施克莱认为，蒙田未能避免厌世之恶，他没有能发展出一种在政治中避免残忍的制度化方式，但是，他视残忍为首恶的看法，是近代政治的一个重要起点。蒙田思想的重要意义，在其继承者孟德斯鸠的思想中得到了积极的体现。后者不仅如蒙田那样，视残忍为首恶，而且认为可以形成一种立宪政府理论，以建立一种真正的法治政府，从而使国家可以"保护无辜者的安全"，而不再是残忍或由残忍带来的恐惧的源头。正是在孟德斯鸠那里，以残忍为首恶的观点，导致了体制化政治理论的产生。

今天，在全能国家面前，即便厌世者也无法逃避政治了，至少，他们无法逃避成为残忍的对象。经历了20世纪，人能够有多少残忍，已经不再是一个问题。但是，如何从政治中消除残忍，则依然是一个难题。

四

对施克莱有关残忍的讨论，是可以提出一些意见来的。主要是，作者未谈及20世纪以来的残忍。20世纪的残忍有何特殊之处？固然，它们都是实施者出于使受害者服从，甚至单纯施虐的意愿，在违背受害者本人的意志，或者，在其无知的情况下，公开或秘密对其肉体或精神所实施的、导致其肉体或精神痛苦的行为。其根源照例是权力者的唯我独尊及其权力的毫无限制，这些"贤能们"以为，所有人都应遂其所欲，成为满足其欲望的工具。在这些方面，古今残忍并无不同。

但是，到了20世纪，残忍在形式上的确发生了重要变化。古代，残忍离不开残酷。肉体上的残忍往往造成受害者身体的痛苦、残损，甚至死亡，具有酷刑的特征。残忍有痕迹。古代统治者甚至乐于展示他们的残忍。南京大屠杀，就是此种类型的残忍。

然而，随着人道观念的发展，残忍不断被掩盖起来，愈来愈不留痕迹，这得归功于科技的进步及其日益广泛的运用，刑罚或死亡变得不那么残酷了。残忍愈来愈丧失残酷的表象。

纳粹屠杀犹太人，主要方式是毒气室，没有日军在南京大屠杀中的那种野蛮表象——后者与几百或上千年前的屠城毫无二致，而是精致的、理性的、高效的。被毒杀的犹太人很快焚成了灰。如果不是堆积如山的假牙、头发和鞋子，人们甚至难以意识到曾经发生过惨绝人寰的屠杀。对犹太人的大屠杀，之所以史无前例，完全是新的科技手段和组织手段所致。这是一个标志：科技改变了残忍的方式。由于科技，残忍不仅继续着，而且规模在扩大，但是，残酷的外表在消失。

这意味着什么？残忍将成为一个更易选择的选项——它不再因残酷的感性表象而为人所厌恶、为施行者所犹豫。当恐惧与残忍寓于高科技的监视与操控之中时，当科学技术提供给毫无制约的权力者施行残忍以更便利、更隐秘的手段时，我们完全可以怀疑文明进步所带来的可能前景。

倘若人类依然是野兽——至少如马基雅维里所说的那些身经百战的统治者，而且，技术又提供给他们以更大的能力，而且，制度又全然无法遏制他们的任性，那么，厌世这一种恶似乎就成了人民唯一的选择。施克莱在书中引了布莱希特《三便士歌剧》中的一段合唱，她说，那是其中最好的一段，唱词是：

是什么让人类活着？人类靠兽行活着。

其实，仅仅兽行，还不那么使人悲观。因为，野兽吃饱之后，便不再吃人。而"人"则不同，吃饱之后，更要吃人。

韦伯：在合理化的"坚壳"中，"人"何以可能？ *

"理性的崩溃"：韦伯思想的限度

一个真正的思想家不在于言说真理，而在于献身真理。今天，马克斯·韦伯的学说中有不少说法遭到质疑：雷蒙·阿隆评论其早年作品中浓郁的民族主义情绪"自由而任性"；施特劳斯认为韦伯主张的资本主义精神的诞生与预定论之间的关系，是基于对加尔文学说的极端误解；厄内斯特·盖尔纳认为韦伯关于资本主义精神的起源的假设，纯属猜测、缺乏说服力。

相对较易为今人所接受的是韦伯的所谓"价值中立"的社会科学方法论，但是，视之为社会科学研究"金科玉律"的人，未必了解它的底细。韦伯主张价值中立，不在于相信"是"与"应该"之间的根本对立，而在于坚信关于"应该"，不可能有真正的知识。

韦伯时代的欧洲思想界，处于马克思和尼采两位思想巨人

---

* 本文为2014年在上海社会科学院"望道讲读会"上的演讲稿，后刊于《社会科学报》2014年10月9日，第6版。

的影响之下。康德的理性概念已不复存在；取而代之的，是价值立场和信念皆不过为阶级利益或权力意志之体现的主张。学术研究只能澄清价值冲突及其全部意涵，至于冲突的解决，只能留待非理性的决断或斗争。这一哲学立场——卢卡奇称作"理性的崩溃"——是韦伯学术思考的出发点。

不过，韦伯仍然认定，理性知识虽无助于获得或接近真理，却不能阻止人成就为真正的"人"的努力。因此，不再从事传统意义上的哲学研究的韦伯，依然被雅斯贝尔斯目为真正的现代"哲学家"。

慎终追远：《新教伦理与资本主义精神》

《新教伦理与资本主义精神》探讨资本主义及其"灵魂"——新教伦理——之关系，故说这本书在为资本主义"招魂"，也未尝不可。不过，韦伯创作此书，与其说为了唤起或复兴清教徒的生活方式和宗教信仰，毋宁说是要关注在此种信仰及其生活成为过去之后，"人性特质"将如何发展这一问题。

该书的要害在于两对各自对立的概念。第一对是前现代非理性资本主义VS.现代理性资本主义：两者的共同之处在于资本主义式牟利活动，是否采用计算理性主义则为其差别之所在。第二对概念是英雄时代资本主义VS.后英雄时代资本主义：计算理性主义是其共同之处，差别在于是否具有并非此种理性的宗教情怀。

韦伯指出，作为动力机制的宗教激情，在资本主义步入常轨后焕然消散，理性化进程则持续甚至更为强劲。起初"理性赢利"的随手可弃的"披风"，固化为"坚壳"；资产者丧失了宗教信念，变为纯粹的逐利者。在他看来，无论何种文明，不论是否"西方"或"理性主义"，这个"坚壳"都将成为他们的"必然"或"命运"。韦伯关注的是，面对这"坚壳"，人是否注定只能成为没有灵魂的"行尸走肉"？抑或是依然能够拥有资本主义先驱者的"伟大"和"虔诚"？

官僚制的理念形态

韦伯认为，与资本主义发展相似，现代国家在成长过程中，也逐渐丧失其道德和伦理的源头，即不再是一个价值实体，而只是单纯形式的国家。同时，在外部则出现了实体性的市民社会。后者是价值判断、道德、真理等事务存在的领域，国家对此则采取中立立场。法理统治下的纯粹官僚制形态正是这一历史发展的结果。

放弃实体价值诉求、服从形式理性要求的理念形态官僚制，旨在保障社会中个人意志尤其良心和信仰的自由。官僚制被视为保卫现代社会的有效工具。被赋予官僚制以为其目的的人的自由，渊源于自然法传统，并被制度化于宪法政治及其他民意表达的政治机制中。但是，随着国家权力的空前膨胀，自然法观念逐渐丧失作为法的源头的作用，出现了所谓"由自然法向法的实证主义"的过渡。法的实证主义摆脱了内容的神圣性——自然法的价值理性，合法统治之正当性便不在于法本身所具有的价值内容，而在于法成立过程中程序上的形式性。

韦伯认为，现代行政及其官员活动的高度专业性，使无论传统君主，还是由人民选举的现代政治家，都成了门外汉。官僚集团不仅控制行政，而且可能操纵立法等政治过程。国家权力于是再度被价值实体化：从社会的工具变成社会的主人；而社会则成为官僚集团实现其意欲的人力、物力和资源的提供者。官僚集团借助国家权力，对社会实行政治上的一元化官僚统治。在韦伯看来，这意味着压榨民众生命的古代奴隶制国家的"重生"。

官僚制的历史形态

在20世纪第一个十年中，韦伯密切关注邻国俄罗斯的命运。在对德、俄两国政治的观察中，他意识到一种有别于英、美的新政治形态的诞生。那些市民社会尚未充分发展，却在外力强迫下进入现代进程的民族，可能直接走上一条韦伯称作"独裁官僚制"的道路：其统治者既非传统意义的君主，亦非现代作为主权者的人民，而是一个将一切政治转化为行政或管理之有效性、以效率自负的官僚集团。

官员个人与作为整体的官僚组织不能相提并论。不过，官僚机器的高度理性化和系统化，使个人一旦陷入其中，就只能成为一个部件，既无从了解这部机器的整体目的，也无从知道自己的作用，成为无法自主承担责任的"无辜"工具。

韦伯指出，以纯粹官僚管理为特征的现代法理秩序，是现代社会最基本的组织形式，遍及一切联合体。无论何种自命不凡的"主义"，将殊途同归——"未来属于官僚化。"这个高效的理性化"机器",将与无生命机器一道,构造起未来的"农奴制之壳"。

拯救者:一种有助于人性素质的真正政治?

韦伯揭示了德国"独裁官僚制"的生成机制。他指出,俾斯麦出于权力利益,把阁僚变成无条件听命于他的官僚制下属;他未能吸引,甚至无法容忍稍具独立思想的人,没有能够利用德国统一的历史良机,塑造一个精神上伟大和统一的民族。

这位政治上的巨人,却使他的人民变成了侏儒,留下"一个缺乏任何政治教育的民族""一个完全没有任何政治意志的民族""一个习惯于逆来顺受地容忍所有以'君主之治'名义作出的决策的民族"。在不受限制的官僚统治和自视为被安顿的客体的服从习惯中,产生了韦伯所说的德国人政治上的"不成熟"。而只有政治成熟的民族才能成为一个"主人民族"——人民有权利和能力对自身事务进行自我管理。

这是韦伯在1895年强调政治教育的根源。他意识到,在德国经济繁荣表象之下的是一个侏儒的世界。为此,他呼吁一切以"人"为对象的科学归根结底应当关切"人的素质":"我们所渴求的并不是培养丰衣足食之人,而是要培养那些我们认为足以构成我们人性中伟大和高贵的素质。"

问题是,如何在官僚制与资本主义的左右夹击中从事旨在培养人性之"伟大与高贵"的政治教育?

韦伯的回答令人困惑。首先,他认为科学已沦为交易、互惠的有用工具，不复具有塑造人性的力量。其次，在普遍官僚制下，虽有所谓高贵之人，也难免成为献祭于官僚权力的待罪羔羊。官僚惧怕民众启蒙。他们用一切手段愚弄、败坏民众，干扰乃至消灭一切无法管控的思想：用神经科学取代思想，用无形的物质力量扼杀无形的精神力量。只有对官僚统治进行限制，真正的人的教育才有可能。

为克服官僚化，韦伯主张议会主义和民主。而要使大众民主不至沦落为"恺撒主义"，民众的政治成熟又是前提。因此，政治教育与相应于此种教育的制度建设必须齐头并进。韦伯视英国为二者良性循环的典型：一方面，它最迟且始终未完全屈服于官僚化；另一方面，其议会制度及实践，为官员廉正和公众高水准的政治教养，奠定了基础。

韦伯不认为英国制度可现成运用于德国。一个国家只能在其独特的历史境遇中创造优良政体。不过，对德国能否步入良性循环，韦伯并不乐观。早在1895年他已表示："耽误了一百年的政治教育不可能用十年时间就补上，而由一个伟人统治亦非就是政治教育之道。"韦伯去世不过十几年，魏玛共和国即告倾覆，他参与制定的《魏玛宪法》，不仅未成为支撑共和国大厦的柱梁，反被利用来当作颠覆的工具。

与20世纪初一些伟大作家一样，韦伯是现代的伟大预言者。不过，他的价值不在于对德国前途的预言，而在于对人类生存前景的洞见，及他的问题：人类如何能够突破资本主义和官僚统治的双重"坚壳"？他对这一问题的思考，必定有助于我们更好地认识中国的现实及其未来。

马克斯·韦伯与人类未来[*]

一

韦伯影响大陆学术界、思想界，至少有三十年了。1987年，他的《新教伦理与资本主义精神》的第一个大陆全译本出版，由于晓、陈维纲翻译，收入三联书店学术文库。该书此前有过一个节译本。20世纪80年代初，大陆还译介过他的另一本书《经济通史》，知道的人不多。大陆学界真正关注韦伯，始于1987年《新教伦理与资本主义精神》中译本的出版。

20世纪80年代，中国人特别焦虑的 个问题是，中国能不能搞"资本主义"。《新教伦理与资本主义精神》之所以引起广泛兴趣，与此有关。现在回过头来看，这种兴趣多少建立在对这本书的某种误读之上。今天，中国经历了三十年的市场经济的发展，取得了很大成就，这个问题是否已迎刃而解了，这本书是否也失去了再读的意义了？我倒是觉得相反。因为，马克

---

[*] 本文为2017年5月21日于季风书园的演讲整理稿。

斯·韦伯的这本书主要不是讲哪一种社会可以搞资本主义，必须具备新教传统、禁欲主义伦理等等，实际上，他关注的是，"资本主义"之后会怎样，这才是这本书的真正主题。

《新教伦理与资本主义精神》全译本出版十年后，1997年，韦伯另一本重要著作也由三联书店出版，即《民族国家与经济政策》，是他包括同名演讲在内的一些论文和演讲的汇编。这本书也可以说是应运而生：它试图回答一个民族在经历了经济发展——用韦伯的说法，丰衣足食之后——应该向何处去的问题。

韦伯和中国的现实关切紧密关联的又一个例证，是又过了十多年，2009年，东方出版社出版了《韦伯政治著作选》，随后，2010年，上海三联书店出版了他的《论俄国革命》。可以说，这是韦伯思想的国内接受史的第三个阶段。经济发展了，技术进步了，国家富强了，于是乎对社会、对每个人的控制，随着政府财力的雄厚、技术的提高，而日臻完备，能够害人于无形了，那么，"人"该怎么办？用马克斯·韦伯的话来讲，"坚壳"（也有译作"铁笼子"）降临了，人还能是一个"人"吗，或者，人如何才能成为一个"人"。这是马克斯·韦伯政治论著的核心问题。

2014年，我在上海望道讲读会讲过一次韦伯，题目是《在合理化的"坚壳"中，"人"何以可能》。三年过去了，对韦伯所说的"坚壳"有了更多的体会。"坚壳"已经降临了！如韦伯所断言，从前现代国家到现代国家的发展，是这样的一种持续过程："壳"越来越牢不可破。这次我讲的主题，与他所说的"坚壳"有关，是其中一个最重要方面，即官僚制。

韦伯所说的官僚制，是广义的。作为一种理性化的基本组织形式，官僚制不仅涵盖了政府的行政系统，而且涵盖了经营性的企业、社会组织（如政党），等等。韦伯认为，官僚制是现代组织的基本形式，一个人不是在这种类型的官僚组织中，就是在那种类型的官僚组织中。

在韦伯影响的前两个阶段，朝野倾向都比较一致。在第一个阶段，朝野都要发展"资本主义"；在第二个阶段，朝野都关注国力的强大。但在第三个阶段，即对日益强大的技术和组织控制，对人性发展的影响，不仅在朝为政的人不认为是一个问题——对他们来讲，可以随心所欲、悄无声息地对人进行操控，可以害人于无形，就是目的——而且，在野为学的人，真正意识到这一问题的严重性的，大概也不多。而官僚制问题之于韦伯思想的重要性，如美国著名韦伯研究者帕森斯所说，就好比阶级斗争之于马克思思想的重要性。然而，学术界对韦伯官僚制思想，研究得很不够。

造成这种状况的原因，有以下几个方面。

是认为官僚制问题属于一种组织技术问题，是行政学或组织管理学的研究对象，研究它的目的在于提高效率，反对官僚主义。这不是一个政治问题，更不是一个哲学的，即人应当如何生活的问题。这种片面看法，使得人们长期以来没有能够真正认识到韦伯官僚制思想的意义。

二是讨论韦伯官僚制思想时，主要依据他的《经济与社会》。该书有一部分专门讨论官僚制问题。但是，仅仅根据这本书来了解韦伯的官僚制思想是不够的。这是一本教材，可以说是马克斯·韦伯几乎唯一打算写来用作教材的一本书，贯彻了他所谓的价值中立原则。而且，该书写于"一战"期间，考虑到在战争期间，应该维护德国政府的权威性，韦伯很少批评官僚制。因此，仅仅通过《经济与社会》理解韦伯的官僚制思想，必定有很大的局限性和片面性。其实，关于他的官僚制思想，他的许多政论文和演讲要比《经济与社会》来得重要。

三是对马克斯·韦伯的"理想类型"（Idealtype）概念在理解上的片面性。有人把"理想类型"理解为通过总结经验所得的规律性认识，是关于现象的理念，以为有了"理想类型"，就可以把现象扔掉不管了。这是一种误解，但很普遍。

马克斯·韦伯的"理想类型"不是对现象的归纳总结，而只是回到现象的必要工具。在韦伯看来，只有且必须通过"理想类型"这个工具，人们才能更好理解历史，理解现实。光有"理想类型"是不够的，它只是一个工具，借助它为的是回到现实。历史和现实才是研究的真正目的。因此，韦伯有关俄罗斯、德国官僚制的现实研究，以及对古代（比如中国、古埃及等）官僚制的历史研究，比《经济与社会》中有关官僚制理念的论述更重要。

除上述原因之外，缺乏如韦伯在《民族国家与经济政策》中所要求于学术的那种意识——即把"人"作为研究的真正目的和归宿，是韦伯官僚制思想的真正意图——也是国内学术界未能充分理解其官僚制思想的一个重要原因。仅仅基于《经济与社会》，把马克斯·韦伯看作古典官僚制理论的奠基者，是不准确的。实际上，马克斯·韦伯对官僚制采取了激烈的批评态度。

他不是批判官僚主义——官僚主义不是官僚制，而是官僚制的反面。韦伯承认官僚制的"合理性"，承认这是一种高效的组织形态，合乎现代的理性化要求，他对官僚制的批判，基于一个重要立场，这个立场在他的思想中是一以贯之的。

在1909年社会政策协会的一次演讲中，韦伯说，这个世界上没有什么机器能像人类机器（官僚政治）运转得这么精确了，从技术和物质角度来看，它是无与伦比的。马克斯·韦伯区分了两种机器：一种是无生命的机器，即作为物的机器；一种是有生命的机器，即官僚制。他承认官僚制在技术上的优越性。但是，他认为，衡量一个制度的好坏，不能只看效率，还要看它对人的影响，看它对人性发展所造成的后果。

韦伯在其著名的1895年弗莱堡就职演说中，提出了对社会科学研究目的的看法，当时主要针对政治经济学。他说："一种以'人'为对象的科学说到底最关切的是'人的素质'；政治经济学正是这样一种以'人'为对象的科学，它要研究的是在特定社会经济生存状况中成长起来的人的素质。"[1]还说："当我们超越我们自己这一代人的墓地而思考时，激动我们的问题并不是未来的人类将如何'丰衣足食'，而是他们将成为什么样的人，正是这个问题才是政治经济学全部工作的基石。我们所渴求的并不是培养丰衣足食之人，而是要培养那些我们认为足以构成人性中伟大和高贵的素质。"[2]

---

[1] 马克斯·韦伯：《民族国家与经济政策》，甘阳编选，甘阳等译，生活·读书·新知三联书店1997年版，第91页。
[2] 马克斯·韦伯：《民族国家与经济政策》，第90—91页。

人性的伟大和高贵才是学术研究的目标，也是政治制度的目标；这是韦伯一以贯之的立场。二十多年之后，在写于"一战"后期的《新政治秩序下的德国议会与政府》一文中，韦伯表示："政治家要从未来几代人的角度考虑统治的技术问题。"①

制度的好坏不能仅看它对统治是否有效，而且要看它对人——被统治者及统治者本身——的成长，甚至几代人成长的影响如何。

这一标准也被用于对资本主义的判断。《新教伦理与资本主义精神》一书所关注的核心问题是，资本主义在大获全胜之后，会不会产生出这样一种人：无灵魂的专业人，无心灵的享乐者？人会否仅仅像一具躯壳那样生存着？

那么，这一标准衡之于我们这里所要重点讨论的官僚制，又将如何？在1909年的一次演说中，韦伯形象地把官僚制及在其中活动着的人比作机器与螺丝钉：

> 凡是把自己整合到这部机器上的人，都会变成机器上的一颗小小螺丝钉，就像在大型工业企业中的情况那样，他越来越习惯于当一颗螺丝钉的感觉，越来越习惯于问自己是否能成为一颗更大的螺丝钉。……一想到这世界上除了小螺丝钉以外再无它物，就是说，世界上充满了抓着自己卑小的职位不放并渴望一个更大职位的人，这会更加令

---

① 彼得·拉斯曼、罗纳德·斯佩尔斯编：《韦伯政治著作选》，阎克文译，东方出版社2009年版，第111页。

人惊恐。①

　　韦伯无论对资本主义，还是对官僚制的评价，都着眼于它们对人、对人性发展的影响。这在韦伯早期、中期、晚期思想中都一以贯之。韦伯不是一个今天意义上的社会科学家——这种社会科学服务于某一特殊领域的功利目的——而是一个古典意义上的政治哲学家，他关注怎样的人才是好的，关注人性素质、人的发展和对人的塑造这些根本问题。

二

　　在西方历史上，官僚制主要是一种现代现象。在古典作家如柏拉图、亚里士多德的著作中，对官僚制的讨论是完全缺席的。这个问题甚至也不曾出现于现代早期的洛克和孟德斯鸠的书中。作为问题的官僚制，直到19世纪才出现。今天，官僚制通常被看作一种组织形态，但是，从构词法上，可以看出它最初指称的是一种政体。官僚制（bureaucracy）和民主制（democracy）的构词相同，后缀-cracy，表示"……统治"或"……政体"，前面的bureau-表示桌子，因此，就字面意义看，可以译作办公桌政体，或办公人员统治，现在通译为"官僚政体"或"官僚统治"。

　　法国作家巴尔扎克有一部小说，题为《公务员》，写于19世纪30年代。小说开篇就以大量篇幅讨论官僚政体。官僚群体

① 玛丽安妮·韦伯：《马克斯·韦伯》，阎克文、王利平、姚中秋译，江苏人民出版社2002年版，第471页。

的崛起，在巴尔扎克看来，是法国大革命最显著的政治后果，他倒未提及通常被视作法国大革命之重要后果的人权宣言和自由、平等、博爱等观念。巴尔扎克还指出了后来同样为马克斯·韦伯所指出的作为官僚政治之特点的非人格化：官僚不从属于任何一位首相或者君主，不效忠于个人，而是效忠于国家这个抽象的结合体。

"官僚政体"一词随后便频繁出现于19世纪的一流著作中。密尔写于19世纪中叶的《政治经济学》《论自由》《代议制政府》都探讨了官僚制问题。特别值得一提的是马克思。他在《1848年至1850年的法兰西阶级斗争》《路易·波拿巴的雾月十八日》《法兰西内战》这些重要的政治论著中也都引人瞩目地讨论了官僚制。在这些一流思想家的眼中，官僚制被看作一种政体，而不只是一种组织形态：密尔视之为与代议制这一现代政体相抗衡的政体形式；马克思则将其视作资产阶级国家的终末形态。

今天讲现代政治的发展，总离不开几场革命——英国革命、美国革命、法国革命、俄国革命、中国革命。革命被看作是一种断裂性的发展，是与传统的、封建的，或者，专制的政治的断裂。革命结束了旧制度，建立了立宪或共和的新政体。革命产生了全新的东西：对人权、人的自由和平等的承认，制定了现代意义的宪法，或权利宣言，等等。革命似乎意味着现代与传统之间的断裂。这是关于现代政治发展的常见叙事。

但是，官僚制对这一叙事造成了困难。官僚制萌芽于甚至发展于旧制度，革命后，它不仅没有随旧制度的瓦解而瓦解，相反，还有了进一步的发展，获得了更强大的推动力。由官僚制的发展可见，在旧与新、革命前与革命后之间，有的不只是断裂，还有一条隐而不显的持续的发展线索：从前现代国家的权力分散状态，走向权力的持续集中；从非专业化的、散漫的行政管理，走向高度专业性的、职业化的、手腕更加纯熟的对社会生活的全面控制。这是一个稳步推进、持续提升的进程。官僚制是这个过程的集中体现。

总之，现代政治发展有两条线索，一条由革命所推动，是断裂性的，是显性的，是波澜壮阔的；一条则是隐性的，不引人瞩目的，是组织技术的持续发展和完善，是在办公大楼里的"静悄悄的革命"。只是这场"理性"的革命，早在大革命之前就已经发生了。

官僚制在革命前后的连续性，马克思和他同时代的托克维尔都注意到了。后者在《旧制度与大革命》中指出，在旧制度的废墟上面，重新崛起了一种比旧制度更加专制的政体，旧制度的精神在新政体中复活了。这就是集权官僚制。

马克思的看法与托克维尔不约而同。他写道："革命不得不继续发展君主专制制度已经开始的工作，即使国家政权更集中更有组织，并扩大这一政权的辖制范围和职能，增加它的机构、它的独立性和它控制现实社会的超自然威势。"[1]

这种革命后国家，马克思称作中央集权官僚制国家。这一国家形态是对革命前在绝对主义君主政体中就已经发展起来的

---

[1]　马克思：《法兰西内战》（初稿），《马克思恩格斯全集》卷17，中文1版，第584页。

官僚制的进一步推进和完善，其目标是形成对整个社会生活的所有领域和一切人的一切生活的全面控制。在《路易·波拿巴的雾月十八日》中有马克思对这种国家形态的一段经典描述：

> 在法国这样的国家里，行政权支配着由50多万人组成的官吏大军，也就是经常和绝对控制着大量的利益和生存；在这里，国家管制、控制、指挥、监视和监护着市民社会——从其最广泛的生活表现到最微不足道的行动，从其最一般的生存形式到个人的私生活；在这里，这个寄生机体由于极端的中央集权而无处不在、无所不知，并且极其敏捷、极其灵活，而现实的社会机体却极无独立性、极不固定。[①]

马克思把中央集权官僚制国家，看作资产阶级国家（或现代国家）的终末形态。发展到这一形态的资产阶级国家，甚至丧失了其资产阶级性质，不再是资产阶级利益的代表。这样一种国家，不仅对无产阶级来说是一种耻辱，对资产阶级来说也是一种耻辱。在马克思看来，集权官僚制国家是现代国家的极端发展，它意味着国家的自我否定，即国家终结时刻的来临。马克思所说的无产阶级革命最终所要消灭的国家，指的正是这种集权官僚制国家。

马克斯·韦伯关于官僚制的思想深受马克思的影响，但

---

① 马克思：《路易·波拿巴的雾月十八日》，《马克思恩格斯文集》卷2，人民出版社2009年版，第511页。

是，两人的思想又有很大的差异。造成差异的一个重要原因，是他们所生活的时代的不同。

韦伯生于1864年，他的成长笼罩于马克思的著作所构成的思想氛围之中。但是，作为后来者，他对现代政治发展的某一规律性现象，看得更清楚，这就是：革命——强人政治——官僚统治。拿破仑的遗产，是一支强大的官僚大军；俾斯麦的遗产，是官僚精神压倒一切。俄国也不例外：1905年俄国革命的结果，是现代官僚制的建立。

在韦伯看来，甚至那些官僚制因素相当薄弱、有着民主传统的例外国家，如英、美，在19世纪末20世纪初，也都在走向官僚制。马克斯·韦伯在20世纪初考察美国，意识到现代官僚制是当时正在进行的美国政府改革的最终目标。

因此，马克斯·韦伯的结论是，从东方俄国到西方的美国，官僚制到处都已经准备就绪，接下来就是在适当条件下，让大众顺从地、一劳永逸地进入这个官僚制的"壳"中，其最终的归宿将会是一种普遍的官僚化。

何以民主也好、专制也罢，不论何种政治传统，最终都走上官僚化这条道路？韦伯认为，根源在于现代社会的理性化进程，官僚制是最合乎理性化要求的一种社会组织形态。所谓官僚化，就是一种以官僚制管理结构为主要特征的现代法理型统治的普遍化。官僚制的本质是现代法理型统治。

在韦伯看来，在现代社会中有两种机器统治了人类，一种是无生命的机器，即一般所说的工厂、其所属各种生产器械，以及行政管理活动所必需的各种设备和设施——无生命的机器也是机器一词的本义。有生命的机器则体现为各种官僚组织——如企业官僚制中作为厂房、机械的依附者而存在的工人和管理者，或者在政府或非政府的官僚组织中的行政者或管理者。它由人组成，且形成为一种组织，是一种人类机器。这些人经过训练实现了技术性劳动的专业化，并且通过对责任范围的划分以及规章制度等，形成一种逐级的服从关系。

何以无生命的或有生命的机器构成对人的统治？马克思揭示了无生命机器运作的机理。简单地说，劳动者和劳动客观条件的分离，导致了劳动者对于这些客观条件的依附。在现代社会中，劳动者获得了自由，却自由得一无所有，他们被剥夺了劳动或生产的一切客观条件，从而不得不依附于机器，即依附于生产的客观条件——生产资料、劳动条件。不然，他们的活动就无法现实化。

马克斯·韦伯的一大贡献，是揭示了有生命机器运作的机理。官僚，本质上的职业人，对官僚组织的依附，同样源于活动者和管理客观条件的分离：行政人员与行政手段的分离，研究者与研究资料和工具的分离，军人与暴力手段的分离，等等，在根本上是活动（活动者）和活动的条件之间的分离。分离导致了活动者对条件的依附。比如，科学研究离不开实验室设备，于是造成研究者对大学或研究机构的依附。官僚制在本质上是将活的劳动附着于客观条件之上的组织形式。而就所有活动的个体而言，他们附着于特定的官僚体具有偶然性，并不构成官僚体的本质部分。

在马克思看来，要改变这种人对物的依附关系，只有通过改变劳动者和劳动客观条件分离的根源，即生产资料私人占有关系。但是，韦伯认为，导致这种分离的，与其说是私人占有或阶级垄断权力机器，不如说是理性化的要求。只有分离，才能达到最高的效率。

马克思没能真正揭示官僚制产生的根源。他有关官僚制成因的看法，是含混的、犹疑不定的。有时他把官僚制看作资产阶级国家进一步发展的产物，现代国家的终末形式，是新生的无产阶级与资产阶级之间所形成的均衡状态的产物；有时又把官僚制看作封建残余，认为法国小农经济的传统深厚，才导致了法国的官僚传统，是资产阶级在政治上的不成熟，及封建贵族阶级的强大的结果。因此，马克思有时把官僚制看作欠发展所导致的现象，甚至是一种前现代现象。

马克斯·韦伯则明确意识到，官僚制不是落后、封建残余而是现代社会合理化要求的产物，是现代社会本质的体现，是人类不断趋向于更纯粹的理性状态的要求。

马、恩区分了作为统治形式的官僚制和作为现代管理要求的"官僚制"（尽管在这个意义上他们并不使用这个术语）。前者，即官僚制国家，指的是人统治人的形态，后者，即管理中的"官僚制"，指的则是一种对物的管理。在他们看来，作为人统治人的官僚制，或者，作为现代国家之终末形态的官僚制，应该被消灭；但是，对于基于管理的合理性要求出现的官僚制，不仅难以避免，而且应予承认。恩格斯的一段话，很能体现他们对管理型"官僚制"的看法：

大工厂里的自动机器，比雇用工人的任何小资本家要专制得多。至少就工作时间而言，可以在这些工厂的大门上写上这样一句话：进门者请放弃一切自治！如果说人靠科学和创造性天才征服了自然力，那么自然力也对人进行报复，按人利用自然力的程度使人服从一种真正的专制，而不管社会组织怎样。①

　　马、恩认为，即便人统治人的国家消亡，管理上的基于理性要求的专制依然存在。换言之，政治的官僚制应该消亡，非政治的、管理的官僚制应该存在，哪怕它是专制的。

　　马克斯·韦伯所说的官僚制，囊括了政治官僚制和管理官僚制两者，两者在本质上是一致的，即都出自基于统治之有效性的理性要求。在韦伯看来，似乎存在着这样一种合一的趋势，倘若纯粹的官僚制国家是合理化要求的产物，那么，一种管理型国家（或者说，中立性国家），必将逐渐取代政治型国家（或者说，阶级统治的国家）。国家的"非政治化"是理性化要求的产物。

　　因此，韦伯把在马克思那里区分为政治官僚制与对物的管理的两种形态，统一于官僚制概念之中，并且指出了它们的共同动因。但是，不同于马、恩所认为的在生产管理中，人只能接受专制的看法，马克斯·韦伯则认为：

------

① 《马克思恩格斯选集》卷3，人民出版社1995年版，第225页。

如果他们认为据以决定如何管理他们事务的终极性唯一价值就是良好的行政以及由官员供给他们的需求的话（即纯粹技术意义上的"良好"理性行政）。

那么，这两种机器（即有生命的机器和无生命的机器），将联手"构建未来的农奴制之壳"。[①]

马克斯·韦伯的价值中立只是针对科学内部而言的，实际上，他对官僚制有非常明确的价值判断，他认为官僚制会构建一种古埃及式的农奴制，且其专制程度将远甚于古埃及农奴制，因为，作为现代官僚制的"农奴制"是理性化的。

今天的年轻人可能会问，服从理性化的规章，不是很有好处吗？对个人有好处，对组织也有好处。假设有一位领导者——不管是人，还是机器人，只要是充分理性的，那么，为什么不事事服从他呢？

今天的人已经习惯于在马克斯·韦伯所说的"壳"中生活了。但是，这样的情况在他的时代才刚刚开始。

韦伯为什么认为这种官僚制是难以接受的？这得要理解何以他拿古埃及农奴制来作比。古埃及农奴制是最早的一种家产官僚制形态，是前现代非理性官僚制的一种典型。在他看来，在这种官僚统治之下，人民活力完全丧失，不再有自由创造精神，社会处于静止状态，人类精神浑然不觉、麻木僵化。

在《新教伦理与资本主义精神》结尾，韦伯用了一个词来

---

① 彼得·拉斯曼、罗纳德·斯佩尔斯编：《韦伯政治著作选》，第130页。

描述这种精神状态，即"石化"（也有译作"麻木僵化"），1904年版在"石化"之前还有一个修饰词，"中国式的"。①

那么，这样看来，韦伯是不是一个反理性的活力论者呢？要回答这个问题，还是要回到《新教伦理与资本主义精神》结尾。在此，韦伯指出了两种类型的资本主义企业经营者。一种是资本主义的开创者，其经营活动以内在信仰和禁欲主义伦理为基础，可以说他们的活动是内源性的。他们在内在信仰、宗教激情的推动下从事资本主义经营活动。

第二种是他们的后代。这些人已经生活在凝固成型的资本主义制度下，或者说，资本主义的"坚壳"已经做好了，他们生来就在这个铁笼子里。他们的行为完全基于外部力量的强制，只是出于生存的需要和欲望的满足，不得不服从外部的理性命令。尽管命令是理性的，但对他们而言完全是外在的，他们的生活仅仅是一种外在性的生活。马克斯·韦伯把这种生存者称作"没有灵魂的专业人"和"没有心灵的享乐者"。其实，这里所指的就是现代人。今天，所有人都是专业人，否则将难以在任何一种职业中找到一席之地。在韦伯看来，这样的生活是外源性的，是外在化的。

马克斯·韦伯认为，官僚制的理性化是对传统的最主要的一种革命性力量。这种革命性表现于对传统的习俗和宗教的摧毁，只有当理性本身被当作一种传统或信仰来接受，它才不至

---

① 张旺山：《作为"凝结了起来的精神"的机器与机械：论韦伯的"时代诊断"的一个核心构想》，载《思想史》第1期，联经出版公司2013年版，第150—151页。

于成为一种破坏一切的虚无主义力量。但是，官僚制的理性化对人的作用，不是从"内部"，而是从"外部"进行的：它先改变了物质与社会秩序，再以此改变人，亦即改变人对外在世界的适应条件。[1]由外而内——即由外部经济社会，催生出内在自由人格或者利他主义理想——的可能性在马克斯·韦伯看来微乎其微。他反问道：在那些深信自己生来就紧随着物质发展的脚步、迈向必然胜利的人身上，难道还能发现自由人格或者利他主义理想吗？

在韦伯看来，即便资本主义的第一代创业者，可以是一些康德式的古典理性主义者，视理性为一种内在信念，但是，理性化官僚制并不能使这种信念传承下去，相反，对后来者来说，理性化纯粹是一种破坏性力量，是一种"掏空"内在的力量，它的作用只是使人"外在地"服从于理性，而并没有产生出对理性本身的内在信仰，于是，在这种理性官僚制下，内源性力量在不断枯竭。

在《新教伦理与资本主义精神》末尾，马克斯·韦伯用了一个词："躯壳"。他把在这种资本主义"坚壳"下的生活叫作"仅仅是躯壳性的生存"，意即人的灵魂、内心生活、内在生命都不复存在，人仅仅是一具肉体或者说一种行尸走肉的存在，而这一发展的根源，恰恰在于官僚制的理性化。

在韦伯看来，同样的过程不仅出现于资本主义发展中，而且出现于现代政治的发展中。到了19世纪，随着革命后官僚国

---

① 《韦伯作品集Ⅲ·支配社会学》，康乐、简惠美译，广西师范大学出版社2004年版，第271页。

家的出现，资产阶级革命初期的信念——对人的自然权利（人权）、自然法、人的自主性和人格性等诸如此类的理性或权利的信仰——也日益丧失其内在性。政治统治的正当性，愈来愈取决于外在的有效性。形式理性法，最初受到自然法的证明，随着工具理性的扩张，其正当性，得到可计算性和可预测性的辩护，不再需要自然法信念的支撑。

因此，韦伯用来比方的古埃及农奴制，指的是在理性化过程中人的一种完全外在化的生存，不复具有内在的信仰，人的生命不断躯壳化、行尸走肉化。官僚制就是把人当成一个单纯服从（理性）的客体，从外部刺激他，以获得想要得到的反应，人变成了只剩下最后一点条件反射的客体，一种被动的客体。于是就有了韦伯1909年社会政策协会上的"螺丝钉"或"齿轮"的说法。在韦伯看来，现代社会中所有那些依附于各种官僚机器的个人，都不过是"镶嵌在机器里的齿轮"。

马克斯·韦伯并不乐观地认为这样的前景可以根本改变。他只是问：如何从官僚理想的统治当中保留一点人性？

三

众所周知，韦伯是一个民族主义者。问题是，他的"民族主义"究竟意味着什么。只有从上述的问题出发，即努力从官僚理想的统治中保留一点人性，他的"民族主义"才能被准确地理解。

为了对抗全面官僚化这种"普世主义"，马克斯·韦伯寄希望于国家的文明特质。他认为，一国之所以为大国，归根结底在于它有可能决定未来文明的特质，换言之，它在人应该如何生活这个问题上，有发言权。这里的关键在于，它有自己独立的、自主的文化价值体系，其人民有真正的内在生命。

真正的内在生命是与官僚制相对立的。如前所述，官僚制的特征是生活的"外在化"或"躯壳化"。韦伯认为，国家的富强并不必然意味着它的人民的内在生命的饱满，倒很可能使这个国家获得了像统治奴隶一样地统治它的人民的更好的条件。俾斯麦在德国统治的遗产，就是一种不受限制的官僚统治体系，其结果是德国人生存的躯壳化，是德意志民族的消极性和被动性，"德国人如果竟被完全剥去了官僚统治的甲壳，就会丧失所有的方向感和安全感——因为德国人已经习惯于在国内仅仅把自己看做是被安排妥当的生活方式的客体，而不是认为应当亲自对它承担责任"，正是在这种"从不受控制的官员统治和被统治者习惯于服从的那种统治中"，产生了韦伯所谓的"政治不成熟"。①

德国人，尤其是致力于财富生产的德国资产阶级的"政治不成熟"，早在1895年弗莱堡就职演说中，就已经是韦伯思考的一个核心问题。何谓政治不成熟？由韦伯的官僚制理论可知，这是一种缺乏内在信念的"躯壳化"的生存状态，一种一切倚靠着高明的官僚机构的指导、指令，而非自主的、负责的生活。人只是听命于外部指令的（哪怕它是合理的）存在，而非

---

① 彼得·拉斯曼、罗纳德·斯佩尔斯编：《韦伯政治著作选》，第215页。

一个基于内在理性信念的行动者——后者，马克斯·韦伯称之为主人或主宰者。

马克斯·韦伯多处谈到，德国应成为一个主人民族或主宰者民族。其涵义并非指德国应主宰其他民族，而是指德国人应能够主宰自己，成为自己的主人。所谓主人，就是基于内在信念的生活者和行动者。相反，"一个仅仅能产生优秀的官员、值得钦佩的职员、诚实的商人、能干的学者和技师、忠心耿耿的仆人而在其他方面却服从于冒牌君主制口号掩盖下不受控制的官员统治……的民族不可能是一个主宰者民族"。[①]

在20世纪头一个十年里，韦伯一直关注俄国政治的发展。他学习俄语，撰写了多篇有关俄国政治的论文，可见诸《论俄国革命》一书。他关注俄国政治，为什么？原因之一是他认为俄国对德国造成了威胁，俄国的扩张威胁了德国的生存。但这不是主要原因。法国也可能对德国造成威胁。他之所以把俄国当作德国的大敌，根源在于他认为俄国文化属于官僚指令型文化类型。俄国被他看作外源性发展的实例。俄国官僚制的发展是合理的，但在它的发展中，看不到对人的自由和权利的任何信念。韦伯认为，俄国无论如何革命，都难以形成一种真正的立宪主义和资产阶级的民主政治，而只能产生独裁制：官僚独裁专制。他预言俄国君主制将在一场大战之后崩溃，而不管谁接掌政权，最后一定是一种官僚政权。他的预言大体不差。俄国的发展被韦伯看作未来世界彻底官僚化的一次预演。这是他

---

① 彼得·拉斯曼、罗纳德·斯佩尔斯编：《韦伯政治著作选》，第216页。

关注俄国政治的主要原因。

韦伯之批评俄国，意在德国。长期以来，德意志文化正是被看作一种官僚指令型文化，对此，可以找到许多例证。马克思在1868年给施韦泽的信中写道："这里（引案：德国）的工人从小就受官僚主义的管束，相信权威，相信上级机关，所以在这里首先应当教会他们自己走路。"[①]而且，早在黑格尔（如《法哲学原理》）那里，就已经出现了对官僚阶层的形而上学式崇拜。

韦伯关注俄罗斯，在很大程度上反映了他对德国文化的忧虑，即对德国自身官僚化倾向的忧虑。

韦伯所谓的文化之争，他的大国意识，都与他对官僚制这一人类未来前景的忧患相关。他在1916年10月的演讲中指出，只有通过一场文化之间的战争，德国才有可能赢得并保持一种优秀的文化。[②]看起来，他所说的这场文化战争，是针对其他国家的。但实质上，韦伯指的是德意志民族的自我的文化战争。这一文化的敌人就是理性化官僚制。后者是一种摧毁一切具有特质的文化的抽象普世主义。对官僚制的战争，是一场文化自救之战。只有赢得这一场战争，德国才有可能拥有并保持一种优秀文化。所谓优秀文化，指人民能够成为自己的主人，而不是被那些自命精英的、实质一味靠高科技武器来逞强的秘密权贵们"呼来喝去"或"治理"之下的奴隶。只有这样，一个民族才能真正成为主宰者民族。只有这样的民族，韦伯说，才会受

---

① 《马克思恩格斯文集》卷10，人民出版社2009年版，第294页。
② 玛丽安妮·韦伯：《马克斯·韦伯》，第666页。

到召唤，把握世界发展的动力。一个民族要获得发言的资格，告诉世人他们所认为的好的生活方式，其前提条件是他们自己应该成为一个主人民族，而把警察式的政府官员视作"上帝在世间的代理人"①的民族，不可能成为一个主人民族。

因此，对马克斯·韦伯的"民族主义"的批评，至少部分出于误解。韦伯的民族概念包含了丰富的文化意涵。一方面，他看到几乎所有民族，都走上普遍官僚制这一条道路，这条道路的终点，将是一座有内无外、包罗万象、一切靠指令行事的人型机器；另一方面，他对德意志民族怀有一种希望：能否开辟一条突破前一条道路的通往未来的新的文明之路。马克斯·韦伯没有给出明确答案：或许是古代观念的复兴，或许是新人的诞生？

"一战"结束后不久，韦伯患伤寒去世。从他去世到今天，他所说的"壳"越来越牢不可破了，形式也愈加高妙了。今天的人能否走出这个"壳"，不容乐观。韦伯的意义不在于指出一条解决之路，而在于将人类生存的现实，乃至未来的可能前景，摆在我们面前。当然，这未见得有用。掌握或利用官僚机器的人，会觉得这机器很让他称心如意，能使他对于他人的权力倍增。至于其他人，大多数人将成为怎样的人，与他何干？只要能随心所欲地利用他们，对他来说就够了。韦伯的思想，或许让身为"农奴"的人意识到自己的处境，尽管这未必能作根本的改变，但是，这至少呈现了这个自命为"最好时代"的一些真相。

---

① 《韦伯作品集Ⅲ·支配社会学》，第44页。

生命，还是生命的技术-权力化？*

我生之初尚法术。还记得认字时，读过"评法批儒"的材料。小学时也曾背过语录。上小学不过几年后，就开始"向科学进军"了。我们这代人，先有科学，后有技术。小时候家里的现代电器只有两种，一是电灯，二是无线电；到20世纪80年代，有了电视机、收录机，90年代又有了电冰箱、洗衣机。现代科学技术对我这代人来说，既不像对今天的年轻人那样，是一种与生俱来的现成之物，也不像在纯思辨的哲学家那里，仅仅是一种观念，而是在我们身上的逐渐"发生"。

直到21世纪，我才渐渐体会了索福克勒斯《安提戈涅》"第一合唱歌"中的那个词——deinos——的复杂意味。熊伟先生在译海德格尔的作品时，把这个词译作"苍茫"，初读时莫名其妙。后来才逐渐明白，它表达的其实就是技术给人的感受。这个希腊词有"令人惊异""惊奇"之义，还有"可怕、惊恐、恐惧"之义。在"第一合唱歌"中，它指的是在自然中本来并不

---

*　本文为2022年于上海戏剧书店的演讲整理稿，修订后刊于《读书》杂志2023年第1期。

存在的人为创制，即希腊人所谓的"技艺"，人凭借这种创制力，征服和统治自然。人的这种能力，在索福克勒斯看来，既让人惊异，也令人惊恐。这个词意涵丰富、复杂，包含了多样的甚至冲突的情绪。

毋庸讳言，20世纪中国人普遍崇尚科学技术。其实，这也是一个世界现象。科学技术为持不同意识形态的人所共同推崇，已成为一种"超级意识形态"。中国从准农耕时代进入技术时代，不过经历了三四十年时间。对大多数中国人来说，不仅最初的进入，而且继而的承受，都可说是"莫知莫觉"。今天，是时候对已经且继续渗透于我们日常生活的每个角落、将生活的所有方面囊括其中的科学技术进行反思了。余明锋的《还原与无限》①可算来得及时。该书的副标题——"技术时代的哲学问题"——表明它是从哲学视角来讨论"技术"问题的。其在书的开篇就说，这本书是一部"哲学导论"。余明锋意识到了这一说法的挑衅性，因为他用了"别样的"一词作为"哲学导论"的修辞语。显然，他认为，其他的，也就是非"别样的"哲学导论，尚未对我们已置身于一个"技术时代"拥有一种清醒的意识。

余明锋的专业是西方哲学，所以不奇怪，《还原与无限》有三分之二的篇幅是专论现代西方哲学的。全书三部分，第二部分论尼采，第三部分论笛卡尔。第一部分，则是在为我们的时代定位——"技术时代"，这一部分讨论了雅斯贝尔斯的"轴心

---

① 余明锋：《还原与无限：技术时代的哲学问题》，上海三联书店2022年版。本书凡引此书，直接在引文后标注页码，不另注。

时代"理论。在雅斯贝尔斯看来，我们的时代，不是与过去的时代一样，属于诸时代中的一个，而几乎是与过去一切时代相"对立"的一个"别样的"时代。

"技术时代"是《还原与无限》的一个前提性概念。技术几乎一向就有，旧石器时代、新石器时代便以技术命名。雅斯贝尔斯也将"轴心时代"前的那个时代，特别地称作"技术时代"（大致相当于"黑铁时代"），那么，我们今天讲的这个"技术时代"的"技术"和在此之前的各个时代的"技术"究竟有何本质差别，从而使我们这个"技术时代"成为"别样的"？我想，这是一个重要问题：我们这个技术时代的"技术"，究竟意味着什么？

关于这个问题，我想以一个形象的例子予以说明。《伊利亚特》是一部以战争为主题的史诗，战士以在战场上杀死对手，赢得他的荣誉。而被杀死的人，也必须依葬礼得到安葬，这是一个人——哪怕是敌人——的权利。换言之，荷马时代的人承认，一个人的身上有不能，故而也不应被杀死的部分（也就是不朽的部分），这就是灵魂，它涉及人在死后——相异于生的另一种存在形式——的永恒存在。葬礼对一个人的完整存在来说，比死更重要，因为它关涉不同于一个人短暂在世生存的永恒。剥夺一个人的葬礼，被视作对神法的严重违反，阿喀琉斯把赫克托尔的尸身扣在尘世，便招来了奥林波斯诸神的愤怒。

古代的那个技术时代，也就是轴心时代之前的"黑铁时代"，在杀人技术上已经有了长足进步。铁制刀剑极大地提高了杀人效率，但是，刀剑再利，也难以侵入一个人的内心世界，无法伤及他的灵魂，不能剥夺他不朽的权利。这一观念，直到20世纪，都是牢不可破的：人身上存在着一个无法攻破的"堡垒"，不管称之为"灵魂""自我"，还是"内心世界"，总之，它难以为外部力量所侵入，或者，剥夺。

我们这个技术时代的"技术"，与之前的技术的最大不同在于，技术开始侵入向来被认为是无法侵入的人的最后"堡垒"，侵入以前被认为是人身上无法侵犯的、永远对外封闭的核心。换言之，人的"核心"被撼动了。而与这一"不朽"的丧失形成对照的则是，据说再过一二十年，人类就可以实现身体的永生了。

现代哲学为现代技术的这一步，这决定性的一步，做了长达三四百年的思想准备。20世纪哲学的一个口号是"人之死"，当然，不是说人肉身之死，希腊人早就将人称作"有死者"了。"人之死"毋宁是说，人身上的不死部分的死。

所谓轴心时代的哲学突破，简单地说，是对人身上这一不死部分的发现，是对人身上不朽的、永恒的存在的觉悟。这一部分，被视作人的尊严的源头、人的权利的基石。古人往往称之为"心"。"心"是人的自主性之所在。《荀子·解蔽篇》说："口可劫而使墨云，形可劫而使诎申，心不可劫而使易意。"意思是，可以让一个人闭嘴不说，可以让一个人的身体做出想让他做出的样子，不可能让一个人的内心拥有他不想拥有的意愿、意志、心意。康德在《答"何谓启蒙？"之问题》一文中，引用腓特烈大帝的话：行动得服从，思想可以自由。显然，这位绝对主义君主也承认，即便他的绝对权力，也有人身上无法进入的部分。人心对权力是封闭的、难以进入的。对人心之所思所感，权力无可奈何。人的自主性，与其说是一个现代哲学概念，毋宁更为古人所坚持。然而，现代的"人之死"的命题则意味着，人身的不死部分，那永远保留给自我的部分，即人心，被侵入了，或者，被夺走了它的自主存在。

20世纪哲学的"人之死"，指的是人心之死，那么，这是否意味着三千年轴心文化的穷途末路？这是雅斯贝尔斯在20世纪三四十年代提出他的轴心时代理论的基本语境。晚清"三千年未遇之大变局"一语，歪打正着，道出了整个现代世界的基本处境，不论中西，这是现代人的共同处境。

哲学上的"人之死"有一段非常"动人"的前奏，就是人性自由论。人性自由论，可以在卢梭《论人类不平等的起源和基础》中找到它的一个较早期的表达，即主张自由——无规定性，或者，自我完善性——是人性的本质。到19世纪，人性已经被普遍认作人类自我塑造和自我完善的产物，一种逐渐演化（或者，完善）的过程。人性并非天生所固有的，而是人的历史的产物，因此，透过历史，人类可以获得人性演化或完善的法则。19世纪一个非常重要的思想流派便认为人性是社会关系的总和，社会关系在历史的变化发展中有其规律性。掌握了历史发展规律，或者，掌握了历史科学这所谓唯一的科学，也就掌握了人性完善的知识，据此，可以有意识地对人性进行塑造。

所谓技术时代，意味着对19世纪以来这一所谓"根本"问题——人性塑造——的解决，不再通过作为一种乌托邦式社会工程的社会关系的变革，而是通过现代科学技术。二者在如下之点上是共同的，即可以按照我们所认为的人性应有的那个样子，或更完善的样子来塑造人性，所不同者只是手段：或者是通过社会关系的变革，或者通过现代科技，如生物技术、微电子学，等等。

明了了在认为人存在固有人性的所谓形而上学人性论（必须与现代的以科学为基础的基因人性论或种族人性论相区分）与现代的人性自由论（或超越论）之间在人性论上的本质差别，就会意识到，如《还原与无限》那样，将人本主义和超人类主义视作一回事，是不妥当的。人本主义属于前者，它承认存在着一种不变的、固有的人性，故而它所主张的教育，也就是迄19世纪的基于古典哲学立场的古典人文主义教育，都把人的自我认识，即对人性的认识，视作教育的根本目的。《中庸》"天命之谓性，率性之谓道，修道之谓教"，讲的就是这个意思。超人类主义则完全不同，照《还原与无限》一书的介绍，它"用技术手段来从根本上改造人类机体"，"鼓励使用各类生物转化技术来'增强'人类机体，其终极目标是通过彻底改造人类机体来'超越人类的根本缺陷'，由此超越'人'本身"。（第105—106页）"超越'人'本身"是超人类主义的核心要义。它终究是主张人性之被制作性且认为制作是可以通过技术手段来实现的。因此，超人类主义在超越"人本身"这一点上，与尼采乃至19世纪的主流哲学同调，却与人本主义迥然不同。由此也可以看到，主张用教育"完善"人的人本主义，与主张用技术"改造"或"超越"人的超人类主义，所不同者绝不只是手段。人本主义有其"大本"，即承认存在天生固有之人性；而超人类主义之"大本"已失，认为人性只是随人所造的那种模样，而且，也完全可以造出别的模样。

古典哲学，或者，雅斯贝尔斯所谓轴心文化的基本态度，在于无论物种还是个体，其最好的存在状态或生活状态，不是超越本性，而是合乎本性的存在或生活，所以，为了善和好的生活，人应该认识自身（人性）。自我认识是古典哲学的核心。现代哲学则以为，人性无从认识，除非它是被制造的。因为，人唯能认识为他所制造者。人通过对人性的既有被制造史的认识，推动他们进一步有意识地制造合宜的人性。于是，在现代哲学中，根本问题就从古典哲学的自我认识，变成自我制造。这种自我制造，是自我认识的前提，且是以对世界的改造为中介的。这是古今之异的关键之点。

古典哲学的依本性——而非超出本性——而存在（生活），是尼采"末人"概念的真正矛头所指，如《还原与无限》所指出的，尼采的"末人之'末'在于他不再超出自身"。（第120页）的确，尼采在《善恶的彼岸》第9节痛斥遵循自然的生活乃是一个"弥天大谎"。因此，以为尼采"末人"概念指向现代市民阶层，倒是有所误解，因为，在现代哲学中，市民阶层实际上是——尽管未必在主观上——对自然和对人性从事改造活动（所谓"劳动"）的主体，他们的"人性"被认为在这种改造活动中得以塑造。市民阶层对幸福的追求仅仅来自他们身上残存的人性，他们终将意识到——正如马克斯·韦伯所指出——幸福已经不再是现代生活的一部分，更遑论是其目的。

尼采、海德格尔都是人性塑造论的传人。海德格尔对人本主义的著名批评——即认为后者还是一种形而上学，源于卢梭。当卢梭在"……"中填入"自由"时，就已颠覆了"人是……动物"的古典命题。"是"变成了"不是"，"是"解体了。而海德格尔对"人是……动物"这一古典命题的反对，只是表达了现代人试图摆脱人的自然的渴望——人的自然，首先是一种自然生命，即所谓的"动物"。

尼采与19世纪其他哲学家的差距，并非如表面所见那么巨大。他与社会进步论者、物种进化论者一样，都否认存在着固有人性。在他看来，超人与人的距离，一如人与猿猴的距离。与众多现代哲学家一样，他也是卢梭的思想后裔，只是在彻底性上，远远超出后者。卢梭固然提出人性自由论，却以为人性自由恰恰是人类苦难的根源：自由运用得愈多，加诸自身的枷锁愈沉重。因此，在卢梭看来，人最幸福的时代，莫过于人刚意识到自由却还未使用（或者，滥用）的时代，即人类历史的开端。显然，卢梭对人性自由论，持一种非常谨慎的态度。这种谨慎态度，在19世纪思想家那里大多已不复存在。态度的改变或许与时势有关。尼采在《悲剧的诞生》中说道："谁用知识把自然推向毁灭的深渊，他必接受自然的解体。"人的自然的解体，就是人性的解体。不过，这句话在尼采那里，不是一句"警世危言"，而只是一桩事实：它成了尼采思想的出发点。看起来，尼采的"超人"思想可以从这个角度去理解：这是对现代人处境和命运的一种绝望回应，或许，从较好的一面说，是试图成为一种积极取向的顺应。

《悲剧的诞生》的真正对话对象，不是研究古希腊悲剧的古典学家，而是将"自然"推入"毁灭的深渊"的现代科学技术主义者。尼采的"超人论"所针对的，是如下两种"超越"：通过社会工程的社会关系的超越和通过科学工程的技术的超越。尼采不主张超人类主义者凭靠技术的"超越"，但是，他的"超人论"尽管努力，却终究难以避免技术超越论的倾向：因为，"超人论"与技术超越论者一样，认为人的"本"就是"无其本"——人终究是一种"未被定型的动物"。既然人性的秘密就是人类生命以自我否定为存在的方式，那么，这种对人性的否定，便向着对更广泛的作为的肯定开放着。

今天，透过乌托邦工程的社会"改造"，已鲜见有人公开提起。但是，以科学技术的"改造"，却因技术在表面上的中立性，不仅显得正当，而且深入人心。其实，二者在本质上同属一个逻辑：现代哲学的逻辑，它们都基于哲学上的人性塑造论，以为人为高于自然，自然（含人性）无非是一种混沌与无序，必须受到人的形塑。人的本质是对自然（包含人的自然）的超越。到20世纪下半叶，完成了大地征服的科学技术，全面转向两个终极领域：头顶上浩瀚无垠的星空和人心中隐秘幽深的内在世界。至21世纪，对自然的"人化"终于抵达了它的终点：对人的自然（人性）的"人化"，而这也不过是现代哲学内在逻辑的题中应有之义。

到20世纪晚期，人们终于看清了，历史进步主义主要建立在技术进步这一基础之上，究其实是一种科技进步论。这一点，福山在《历史的终结与最后的人》以及后来的《我们的后人类未来》中都已道出。在后一书中，福山承认对他的"历史终结论"的如下批评：除非科学终结，否则历史不会终结。在我看来，这倒显示了他的"历史终结论"的最值得同情的一面。那么，接下来的问题是：科学会不会终结？

现代科技进步的主要推动力来自现代国家，尤其来自那些拥有大量科技人员及科研机构、拥有巨额研发资金、具有"争先"需求的大国。那么，我们是否可以对那些大国的统治者说，请你们到太平洋某个风景优美的岛上度个假，读一读《庄子》，或者《苏鲁支语录》也好，一起喝喝咖啡，下下棋，晒晒太阳，游游泳，然后，顺便讨论这个问题：大家是否应该一起考虑有无可能把技术研发、技术生产、技术制造停下来——至少放慢脚步；是否应该对如下之点获得共识，即技术应以人的自我完善为目的，而不是以操纵人为目的；统治者们能否不像《安提戈涅》中的克瑞翁那样，沾沾自喜于用技术打造枷锁加诸民众之身？

当然，事情不会像说的那样乐观。1897年，法国作曲家杜卡根据一百年前歌德的一部诗篇，创作了一首题为《巫师之学徒》的交响诗，它讲了这样一个故事：巫师离开家时，他的学徒使用巫师的咒语，驱动扫帚自动清洗房间，扫帚不停往水缸里注水，水缸满了，学徒却不知道使扫帚停止的咒语，于是乎水漫金山。这则故事是对现代科学技术进步的预言：现代人与技术的关系，犹如学徒与那把扫帚，一旦驱动，难以停止。权力欲推动了技术，技术拖着人类。

新发展起来的技术，正在建构一种席卷天下的令人恐怖的无形统治。掌控技术的极少数人，犹如鬼魅一样，悄然出现于任何一个人身边，窥伺之、操纵之、伤害之、杀戮之，大多数人却浑然不觉。世界正在被制造成一个探测、定位、操纵和伤害的无形网络。

有关科学技术的哲学探讨必然是政治性的。现代科学技术在本质上基于一种征服和统治的态度及其行为方式。对自然的征服和统治，最终必然——且正在——转向人本身。无限制的征服欲和统治欲，是20世纪极权主义的根源。

现代技术日新月异，民众失去了对技术-权力的控制，甚至没有能力对技术手段哪怕获得一知半解。他们之所以幸存，仅仅出于数量庞大，犹如处于猛兽环伺下的鹿群。而技术的掌控者们则业已成为在古人想象中的"诸神"，拥有千里眼、顺风耳，可以伤人不留痕，杀人不见血。古往今来没有一个时代，统治者与被统治者具有如此悬殊的力量对比！人性无规定论，人性自我塑造论，则在为技术掌控者自身的所谓"超出"人性的行为、改造他人人性的行为，大开方便之门。

尼采的"超人论"和"末人论"，倘若不考虑现实基础，极易成为掌控着极其悬殊之经济力量、政治力量和技术力量者的"自证"意识形态：朝九晚六的劳作者，却被指为过度贪图"幸福"的"末人"；"超人"热衷于道说"苦难"，却由"末人"的肉身承受苦难！

值得追问的是，人岂能只有"自我超越"——成为"神"——才配拥有尊严！日、月、星、辰，没有其崇高吗？花、草、林、木，没有其美好吗？妇孺和老人，农夫和打工人，为美食和加薪而欣喜的人，没有尊严吗？他们难道只是"末人"？不，存在本身就有其尊严！把"尊严"的门槛提得很高，岂非为权力者对自然的掠夺、对人的凌辱大开方便之门？20世纪以降的人类历程，已经且将继续表明，对固有人性的否定，将导致"一切皆可为"的可怕后果。

在一个人正在被技术-权力化的时代，自然人、自然生命难道不特别值得珍视吗？一个人，只要还有一种自然的感受，能正常吃、喝、拉、撒，能劳作和恋爱，能感受一年四季春、夏、秋、冬的变化，也就是说，具有健全的自然感受力，那么，就没有丧失在自然中获得美和快乐的希望，没有丧失通过和他人交往获得幸福的希望。"末人"至少还是"人"！做一个自然人，寻求一种自然的幸福，是反抗技术统治的起点！不必有太多的技术，不必有太多的人为，珍视自然，珍视天赋的人性，享有人作为自然的一部分、作为自然之存在物的幸福——这原本是自然赋予人类的——然后，像海子一样，写下：

从明天起，做一个幸福的人

……

文学式想象：现代个体的一条逸出之路*

作为一名政治科学教授，为什么写文学批评？这个问题一直缠绕着我。为此，我专门为《文学三篇：一个政治哲学视角》写了一篇前言，题为《小说与个体》，作为对这一问题的回答，其中的核心部分为第6、第7两节，第6节的主题是想象，第7节则以鲁迅为个案，探讨个体拯救的文学之道。

在现代人的生活中，想象的地位很低：它不受"事实"约束，脱离"实际"，没有"用处"，是"想入非非"者的"白日梦"。想象的唯一"合法"领域，是在文学、艺术尤其影视作品中。但即便在这个领域，实证主义、现实主义、纪录片手法，也占据了越来越重要的地位。想象在现代生活中的低下地位，或许与如下思想史事件有关，这就是马基雅维里在《君主论》中以"事实"之名对"想象"的批判：

> 我觉得最好论述一下事物在实际上的真实情况，而

---

* 本文原刊于《中国社会科学报》，2024年12月26日。洪涛：《文学三篇：一个政治哲学视角》，上海三联书店2024年6月初版。

不是论述事物的想象方面。许多人曾经幻想那些从来没有人见过或者知道在实际上存在过的共和国和君主国。可是人们实际上怎样生活同人们应当怎样生活，其距离是如此之大，以至一个人要是为了应该怎么办把实际上是怎么回事置诸脑后，那么他不但不能保存自己，反而会导致自我毁灭。

这段文字出现在《君主论》第15章。这是该书唯一不含历史例证的一章，不知道是因为马基雅维里觉得这章所讲的这个道理太显而易见，以至不必举"事实"证明，还是觉得这个道理本身其实并不那么合乎"事实"。但不管怎样，这段文字成为现代科学与古代学问相决裂的宣言：古代学问基于"想象"，现代科学基于"事实"。

今天，对感性对象之间的在"事实"上的相关性的揭示，被认为是人的理智活动的主要目的，为人实际生活所需要。想象作为不同于理智的人的另一种心灵能力，能将感官所接受的现象予以自由再现，重构其秩序或意义。想象的这种在不同感觉印象之间建立意义关联的作用，诗人雪莱称作"综合作用"。理智活动基于且旨在揭示现代科学所承认的两种真理类型：事实真理和逻辑真理。想象尽管更为自由，有时也更具创造性，却无关乎"真理"。今天大学不承认作为想象力产物的文学作品为科研成果，正是基于"理智"才是科学活动之基本特征的这一现代科学的自我理解。

至少从马基雅维里开始，想象逐渐不再被当作对世界进行严肃认知的主要方式，与之相伴随的，则是人类的生活世界的逐渐冷却：日益变成一个一切存在物的彼此外在的、异己的"杂货铺"。现代科学——无论自然科学，还是社会科学——都致力于发现在存在物之间的外在的彼此作用：引力或斥力，只是一切发现都无法解决这些存在物个体在本质上的孤单性、彼此之间的异在性，无法消除这些本质上自由的个体，对纯粹外在于他的其他个体的自由的在本体上的"恨"。"反社会"行为不正发生于现代人精神的根源处吗？

现代世界正是起源于古人的想象世界的被驱散。天文望远镜的普及，使环绕日、月的氤氲之气消散，成为一桩桩"事实"；愈益先进的医学及其他高科技探测技术，使环绕人的氤氲之气消散，成为一具具"尸体"。在锋利的科学之刃下，"人"由一种基于想象的所谓形而上学概念，被还原为可以分别探测和干预的蛋白质和神经电波这些基本"事实"。世界被伊壁鸠鲁主义化了：无数彼此外在的原子在介于其间的无限虚空中横冲直撞，造就了一个极地寒夜般的现代世界。

现代人的这种根本处境，霍布斯以"自然状态"概念道尽。霍布斯的方案是将个体置于一个人造秩序即"利维坦"的管控之下，以维护其个体性。但是，这个方案不仅没有解决，而且加剧了个体问题。

人类苦于彼此之"分"、彼此之"异"已经很久了。其实，在马基雅维里那里，对"事实"之"爱"和对"想象"之"恨"，是人与人之间彼此为敌之现实状况的结果而非原因。思想家们往往颠倒了因果关系。可以确定，"想象"的第一次伟大发现，源于对世界本原之"一"的回忆，它是对个体之人之最初诞生的一种回应。这次伟大发现的成果是：意识到人与人之间以及万物之间的相似性——它们根源于"一"且在根本上为"一"。想象可以自由地朝向各种不同方向，只是寻求相似性是它的最大动力，正如伯克所说，"相似性所带来的愉悦在想象力中占据了主导地位"。想象力乐于"看"到万物之间的相联、相通。

今人理智发达，古人则是伟大的想象家。维柯说，原始人都是诗人。发现相似、连类取譬，是诗性智慧的主要特点。人的想象能力，使不同血缘、不同民族、不同种族的人得以联合，一如现代，这种能力的衰退，又使即便同一血缘的人也彼此疏离。

古人的天地秩序和人间秩序，在根本上构造于心灵的想象。雅典广场上的神庙、节日中荷马诗篇的吟诵以及悲、喜剧的上演，都是对天、地、神、人之想象之共在的指示；孔子主张的礼乐之治，是一种文学之治，通过想象的活动而营建秩序。在想象被放逐之后，现代的人间秩序，唯能建立于对利害得失这样一些"事实"的理智计算了：强制建立一种普遍的、唯一的对利害得失的"算法"，大概是现代政治秩序最后的支点了。

在中国20世纪思想家中，鲁迅深悟现代人的个体性处境，或许是因为他早年受施蒂纳、尼采影响的缘故。他也深悟现代个体的困境，这使他成了一个"犹豫不决"的启蒙者。作为"清醒者"，他以为只能义无反顾地成为一个现代"个体"，在

1925年3月给许广平的第一封信中，他表示，不论前面是歧途，还是穷途，都会坚定地走下去。不过，这并不意味着他对前途持乐观态度。在讲于1923年年末的《娜拉走后怎样》中，他说："既然醒了，是很不容易回到梦境的，因此只得走；可是走了以后，有时却也免不掉堕落或回来。"鲁迅自始至终，都坦承自己对个体之路之不可知，因此，他犹豫于唤醒那些沉睡未醒者："人生最苦痛的是梦醒了无路可以走。做梦的人是幸福的；倘没有看出可走的路，最要紧的是不要去惊醒他。"

鲁迅的矛盾态度，或许受到了尼采的影响。后者在《查拉图斯特拉如是说》中抨击现代启蒙者道：

"你们是不断驳斥信仰、破坏一切观念的人。我把你们称为不可信之人，你们这些真实的人啊！"

"所有的时代都在你们的思想里互相攻讦；一切时代的梦幻与胡诌比你们醒时还要真实！"

"你们无创造力，所以缺乏信仰。必须创造的总有其真实的梦和星座，并且坚持信仰。"

《查拉图斯特拉如是说》是一部文学之作。鲁迅亦致力于文学，个体问题是其作于20世纪20年代的《彷徨》与《野草》两部作品的主题。在《彷徨》中，鲁迅将个体问题提示于阅读公众面前，而非仅仅将人抛入个体状态了事。《野草》则是鲁迅本人对解决个体问题之道路的探索。由书名"彷徨"及二书中屡次出现的"独"的意象，不能不让人联想起《庄子》中的"得道者"。正如早期小说中那些现代早期个体一样，在面临个体困境时，鲁迅也不由自主地抓住了在手的那个传统。轴心时代的

"哲人"，作为首次出现的"个体"，以想象作为个体问题的解决之道——以个体之身心，寻求与"道"或"天"的合一——造就了直至现代个体降临时的伟大传统，这也是现代人在个体问题再临时的在手资源。

进入了21世纪这个所谓"后现代"的时代，人不论主动还是被动，都清醒了："他"，茕茕孑立，是自己眼中的唯一的绝对价值者，也是他人眼中的芦苇。或许，这是何以在现代世界，源于人物自传的小说，成为一种最重要、最具影响力和大众化的文学形式的原因：小说以想象的方式，将氤氲之气环绕于个体。于是，关怀个体命运的现代小说，可以被看作古典传统的孑遗。

今天，还有谁在关怀着个体？科学俯瞰一切被当作对象的东西。在它眼里，人只意味着一堆数值：统计数字，或者，概率。现代科学刚诞生时，培根就将科学观察类比于刑讯官之讯问。19世纪社会科学甫兴，马克斯·韦伯便意识到其内在缺陷，故在《民族国家与经济政策》的演讲中大声疾呼：一切科学须以人为中心。

科学的缺陷是人的缺席。与之不同，小说，与一般的文学、艺术一样，所面对的是特殊的、具体的人，一如画家面对模特，是为发现后者身上最个体化的、最灿烂的，因而也是最具人性的东西。科学将人作为对象处理，小说则服务于人的自我关怀。二者虽各有其必要性，只是在今天，前者之被重视，一如后者之被忽视。

今天，有必要复兴现代分科之学兴起之前的文学概念。20

世纪80年代的中国有一句口号：文学是人学。这是对文学的古典概念的一个精辟概括：文学关注什么是人，关注个体之人何以自处。

在一个以物之机器和人之机器为特征的时代，在一个个体如芦苇般脆弱无依的时代，迫切需要所有那些使真正的、具体的人重回人的视野的努力，包含小说在内的文学便属于这样的努力之一。

康德政治哲学的若干问题
——谈《法、自由与强制力》*

　　吴彦《法、自由与强制力》一书，是近年来难得的关于康德法哲学的研究。作者深入探讨了康德法哲学中的若干重要问题，对我们进一步理解康德的法哲学，做了有益探索。这里仅就该书的若干难点，提出一些看法。

　　康德的政治哲学，我前几年曾经关注过，也写了点文章。因为这段时间里一直关注法治问题，而康德有重要的法治思想，所以读本书时，也想从中看到对康德法治思想的论述，只是有点失望，书里对这个问题谈得很少。

　　《法、自由与强制力》的副标题是"康德法哲学导论"。既然是导论，康德法哲学（本书将法哲学与政治哲学作同等看待）的基本问题应有所呈现，譬如说道德与政治的关系问题——该问题在康德政治哲学中特别重要，又譬如说法权国家以及法

---

*　　本文为2016年座谈会发言整理稿。吴彦：《法、自由与强制力：康德法哲学导论》，商务印书馆2016年版。本文凡引此书直接在引文后标注页码，不另注。

治等问题，是否应该有所讨论？

我个人特别关注道德与政治的关系。国内很长时间里，不少人有这样的想法，认为搞政治的人是不必讲道德的，讲道德是小民百姓的事。搞政治的人好处是有一种道德豁免权，他们可以什么都干，什么都可以干，道德和法对他们没有约束力。之所以能这样做，除观念之外，他们还是拥有古各斯戒指的人，加之以现代化高科技手段，能够无形无影。与之相应地，可以发现，在政治学学科的政治思想史中，在近代政治思想家中，这些年，马基雅维里和霍布斯特别热。这两个人都是主张为了政治而道德，而不是政治服从道德。直到康德，道德与政治才重新结合起来——当然，在他之前还有卢梭，康德继承并发展了卢梭的事业。所以，在道德与政治的关系这一问题上，康德在近现代政治思想传统中有非常重要的地位。

我前几年写康德，并非出于纯粹的学术兴趣，而是想借康德来表达这个想法，即政治应该与道德实现统一。自马基雅维里开始的近代西方政治传统有一个倾向，即把政治现象、政治事实仅仅当作现象来认知，把政治当作认知的对象或科学认识的对象，把政治置于认识的领域，即科学领域。而康德认为，政治更应属于实践领域。他的批判哲学实际上是对自马基雅维里以来的这个近代或现代政治科学传统的严厉的甚至是摧毁性的批判。康德试图以道德自律解决马基雅维里和霍布斯的世界中的政治自律所带来的道德与政治的分裂，恢复作为正义的形式法则的道德律令的调节性功能，以道德为政治立法，让政治向道德屈膝，扭转被马基雅维里和霍布斯所改变的世界图景和历史轨道。①因此，正如施特劳斯所说，康德政治思想之于在他之前的现代政治传统的重要特征亦即贡献，就在于他重新"着眼于政治生活的道德尊严这一关键性的和被忽略了的问题，即被马基雅弗利和霍布斯的传统所蓄意牺牲牺牲掉的问题"。②

我读《法、自由与强制力》，发现本书的一个特点，恰恰是把"法权"从"道德形而上学"中分离出来，如以为："康德法哲学在'法'与'伦理'之间所做的严格区分既将'法'从'道德'中分离出来……""康德的法体系是一个与伦理体系相分离的体系，同时也是一个与实在法体系相区别的自然法体系。"（第34页）我觉得本书在对康德的基本理解上之所以存在问题，一个重要原因就在于作者放弃了对康德道德哲学的探讨。

其实，康德的道德与政治的统一，正体现于他的法权哲学即法哲学之中。康德之恢复道德与政治的关联，他的所谓道德在政治中的优先地位，不是要求国家直接指导公民的道德行为，"教人以善德"，简言之，不是主张传统的伦理政治。他所讲的道德，乃是以人的权利作为政治的基础，在政治领域，"道德的定义就是尊重人的权利"。③因此，政治之道德与承认人的权利是一致的，道德即权利、义务关系，康德正是把这种完全以纯粹权利概念为基础的政治，称作"道德的政治"。

康德在《法的形而上学原理》中说：法权的普遍法则可以

① 参见张旭：《论康德的永久和平观念中的道德与政治》，见《现代政治与道德》，上海三联书店2006年版，第163—164页。
② 施特劳斯、克罗波西主编：《政治哲学史》（第三版），李洪润等译，法律出版社2009年版，第617页。
③ 施特劳斯、克罗波西主编：《政治哲学史》（第三版），第589页。

表达为："外在地要这样去行动：你的意志的自由行使，根据一条普遍法则，能够和所有其他人的自由并存。"①换言之，法权意味给予人以自由。但是，这并非如吴彦书中所说的，"在法权的领域中，道德和不道德的行动都是被允许的，只要这些行动符合法权法则的规定"（第146—147页），而应是，道德并非法权所规范，但是，人虽是自由地，却应道德地行动。法权给人以自由，而在这个自由领域中，人却依然应以实践理性的法则来行动。

在这个意义上，康德的法权国家，应是一个道德的国家。只是这个道德国家却并不意味着国家管理人的道德，或者对人进行道德教育，更不是把道德当作一种施政工具，而是相信应当给予人以自由，人的理性、实践理性可以指导他过一种道德的生活。权利的普遍性法则规定了人自由行动的界限：不妨碍他人的自由；而实践理性的基本法则则决定了人在这一界限之中如何自由地、合乎道德地行动。

康德这样做，原因在于承认每个人都是道德主体，其自身拥有在道德上臻于完善的能力，国家因此尊重并保护每个人的权利，以使其道德能力得以充分发展。康德信赖普通人的善性。尽管普通人不会用康德哲学式语言表述善，但在他看来，善良意志寓于每一个自然健康的理性之中。他这一信念，体现在《实践理性批判》中。他举例说，一个十几岁的孩子，无须老师指点就能对一个故事中的人物进行道德判断。康德说："倘

---

① 康德：《法的形而上学原理——权利的科学》，沈叔平译，商务印书馆1991年版，第41页。

若有人问，究竟什么是人们必须以之为试金石来检验每一种行为的纯粹德性，那么我必须承认，惟有哲学才能够使这个问题的决定发生疑问；因为在普通的人类理性那里，它早已经有如左右手的分别一样被决定了，虽然不是通过抽象的一般公式，而是通过习惯的应用决定的。"[①]

在康德看来，政治维护人的权利，以给人以道德生活的自由，而道德是人对自身的规定和立法。权利这一政治的道德，与一般意义上的道德是什么关系呢？前者给予后者自由的空间。"法律的普遍性和先验性特点以及政治社会的法治特征，都要求政治社会坚持普遍的因而是最低限度的限制，以为人们的自由留有充分的余地，也就是说，不要去关心人们的经验的本性，不要去干涉人们对自己的自由的运用。"[②]因此，康德的道德政治，就是给人以自我完善的自由。唯有警察思维的人，认为他人必须被他们管束，才不会作恶。

一个国家的真正目的，依然是道德的生活。当然，这并非意味着政府的道德管制。康德讲的"道德"，不是特定内容的道德，而是说应该按照某种准则来行动。国家作为道德共同体，是法治国家，而非传统意义上的伦理国家。后者以具体道德的方式治理人民，而在康德看来，这恰恰有悖于道德。法对于具体道德是中立的，不要求某种具体信仰，或具体幸福观或人生观，也不直接对公民进行道德教育。"如果政治制度以给人们的幸福规定道路或方式为目的，那它就会是家长式的专制或暴

---

① 康德：《实践理性批判》，韩水法译，商务印书馆1999年版，第169页。
② 施特劳斯、克罗波西主编：《政治哲学史》（第三版），第602页。

政，从而会损害人们的权利，尽管它的出发点可能是善意的。"国家可以以立法的形式规定公民的外在行为，却不可以规定公民如何道德地行为，因为后者不可能来自外部，只能来自人格自身。因此，康德认为，"政府管得越多，法律就越没有力量，无情的专制主义在扼杀掉一切善的萌芽之后终将毁于无政府状态"。[1]

就此而言，康德的国家，即一个以法权为基础的法治国家，其目的是保障每个人的可能的道德生活，是一个使道德行为成为可能的国家。

第二个问题，与对近现代西方政治思想史的一个传统看法有关。这一看法认为，霍布斯完成了国家主权的建构，洛克完成了社会主权的建构，而卢梭和康德完成了所谓个人主权——即拥有自由意志和良知的个人主权——的建构，从而形成了一条道德和政治思想领域的现代个人主义的自由主义传统。而吴彦对这一传统看法提出了质疑，进而在根本上否认康德学说是一种个人主义的自由主义。（第221页）

对传统说法提出挑战自然无可厚非。但问题在于作者应明确地提出自己的主张，且应有充分的理据。本书在这个问题上表述得比较含混。譬如有时认为康德的道德哲学甚至私法观念，是个人主义的，而政治哲学不是个人主义的（第219、180页），有时又认为康德的道德哲学和政治哲学都不是个人主义的。（第40页）而且，假如康德的道德哲学与政治哲学有着不同

---

[1]　施特劳斯、克罗波西主编：《政治哲学史》（第三版），第607页。

的基础，那么，它们之间的关系应该是怎样的呢？如何来应对传统的说法呢？对这些重要的问题，本书似乎并未给予充分的回答。

本书试图以自由秩序的概念，取代康德的个人自由和自主性的概念。但是，自由秩序究竟是什么意思，这需要明确。它在何种意义上、在何种层面可以取代有关康德政治哲学的传统说法，书中的讨论也比较欠缺。

第三个问题涉及本书标题上的"强制力"概念。李明辉教授也谈到了这个问题。我们大陆的人，尤其我这个年纪的，对把"强制力"理解为"暴力"，觉得很顺理成章。我们从小受到的教育就是，国家意味着军队、监狱、法庭；而经验也告诉了我们这一事实。我觉得马克思的这个说法，对我们认识现代国家的本质是有好处的。马克思主义最终主张国家消亡。强制力和暴力，前者是比较中性的说法，后者好像有负面意义，但实质差别不大。

关于这本书中的"强制力"概念，有几个小问题。

其一，"法"与"强制力"的关系。在本书中，"法"既意味着正当，又意味着法权，也意味着法律。但是，这些含义并非都与强制相关。严格地说，只有法律才与国家强制力本质相关。"法权"等概念与依赖于国家强制力的"法律"概念应当做区分。

其二，本书突出了"强制力"的重要性。但是，强调"强制力"是不是康德的主张？在康德思想中，作为强制力的"法"是否如此重要？康德自然不会否认国家包含了强制力，

"法律"以强制力为后盾，但是，认为"法"包含了"强制"要素，是康德法哲学的独特之处吗？我很怀疑。我读康德，没有觉得康德特别强调强制力这一问题。

一种外在的自由秩序，是否一定要有外在强制（由他人施加的物理性强制）才成为必然？我觉得在这里，强制力与康德的"必然"之间不是必然的关系。事实上，哪怕有了强制力，也未见得成为必然。国家强制力无处不在，犯罪照样有，可见强制未见得是必然。至于把人像物一样来摆布的那种"必然"强制，是不是康德所主张的，也是一个问题。

强制力这个问题是否过分强调了？而这个问题在这本书中有非常重要的位置。本书又把外在强制力的存在，追溯到这样的一个前提，即所谓人类学的事实，这个事实就是人是一个身体性的存在。我以为这是对康德思想的一种解释。但是否符合康德的原意？讲一个人是一种二元论的存在，有灵魂、有身体，因为有身体，这个身体或肉身可能偏离他的理性的指导，所以，有可能作恶，所以，要有一种强制力迫使他服从。这一套说法其实非常古老，柏拉图已有类似说法，它并不特别属于康德。尤其是，康德是否认为人的恶跟欲望或肉身有关，我觉得不能这样理解。人的恶，源于他的感官倾向或欲望，这样的说法是非康德式的。康德没有说一个人作恶是因为感官倾向或肉体欲望的主导，从而使他脱离了理性的管制。在康德看来，善恶取决于行为的准则，一个恶人是一个根据邪恶的准则行事的人，这一准则也可能是纯粹的且其动机并不源自感官倾向。希特勒发动战争，跟感官倾向、跟他的肉身欲望并无关系。所以，康德对善恶问题的看法，不是像古典所认为的，或者理性管制住欲望，或者欲望摆脱理性的管制，而是说，因为行为的准则出了问题，然后才作恶。这里是否把一套非常古老的说法和学说，来作为康德的"法""强制力"的基础了？这个问题需要认真讨论、思考，因为它涉及整个体系的根本。

如果说，"法"和"政治"的存在，与人的身体性相关，那么，什么存在与人的身体性无关呢，"伦理"的存在难道与人的身体性无关吗？伦理生活如果没有人的身体性这一事实也是不可能存在的。书里的二分法——即把人分为内在、外在的两个部分，内在的即思想的和内心的生活，是私人的或伦理的，是自我对自我的关系，外在的即身体和身体以外的部分——是否成立？伦理尽管与人的内在动机相关，但同时也关涉人的外在行为。人的外在行为，既有以法来规范的方面，也有以伦理来规范的方面，伦理和法并不完全构成一个内在、一个外在的截然对立的两个方面。

而且，将人的思想和内心生活理解为内在的、私人的，把身体和身体以外的部分理解为外在的、公共的做法，恰恰颠倒了康德的想法。康德认为，人的合乎理性的思想和他的内心生活才是公共的，而着眼于人的身体及其利益的部分，倒是私人的。他在《答"何谓启蒙？"之问题》一文中区分了理性的公共的、自由的运用和理性的私自运用两者。康德说："所谓'其自己的理性之公开运用'，我是指某人以学者底身分面对读者世界底全体公众就其理性所作的运用。他在某一个委任于他的公共的职位或职务上可能就其理性所作的运用，我称之为其私自的运用。"①所谓"公共"与"私人"的问题，无关乎身体"内"与身体"外"的问题。

柄谷行人认为，《答"何谓启蒙？"之问题》一文完成了他所谓的"康德式转向"，即改变了"公共"的意义，一种私自的真正的思想，才是"公共的"，而从属于公职之任务的思想，反而是"私人的"。理性的思想者，康德所谓的"学者"（学者是"一个世界公共社会"的成员，以著作面对公众），在常人看来是"私人"，但在康德看来，却是"公共的"。康德颠倒了一般人所谓的公、私。因此，在康德这里，并非身体及身体所处的外部世界，就是"公共的"，否则，就是"私人的"。

在康德看来，一个人既可以是"公共的"，也可以是"私人的"。如一名公职人员，就他在职务活动中不是用理性思考，而是服从指令这一点而论，他是"私人的"；但是，只要他们同时也自视为世界公民社会之成员，因而也可以说是"学者"，即意味着用理性思考。

康德在《系科之争》中区分了"学者"与"文士"（Literaten）。后者被认为是政府的工具，虽受过高等教育，却一般把学过的理论知识忘却，而只需记住与完成其社会公职所需的与其公职相关的政策上的（即与实践相关的）经验性知识，故可称作学术的实务人士或技师（专业技术人员），如神职人员、司法人员和医生，他们作为政府工具，对公众有规约性的影响，故"不能自由地按照自己的想法公共地运用学术

---

① 《康德历史哲学论文集》，李明辉译注，联经出版公司2002年版，第29页。

知识，而只能在相关系科的监督下来做"，所以"就必须被置于政府的严格管理之下，以免他们僭越那本属于相应系科的指导权——因为他们直接地作用于无知的民众（如同牧师之于信众），而且尽管他们在其专业领域不是立法者，却又部分地拥有执行的权力"①，换言之，"文士"是私人性的，而这恰恰是因为需要他们把政府政策传播给人民大众。

---

① 康德：《论教育学》，赵鹏、何兆武译，上海人民出版社2005年版，第62页。

"天何言哉！四时行焉，百物生焉；天何言哉！"

——读康德《宇宙发展史概论》*

倘若不了解青年康德在数学与物理学方面的努力，我们将很难理解康德在《纯粹理性批判》所暗示的他将发起的形而上学革命的起因。青年康德、中年康德与晚年康德之间的区别是众所周知的，但在这些不同的阶段之间，也并非不存在重要的乃至非常本质的关联。《纯粹理性批判》第二版"序言"在讨论数学与物理学由于一次突然的革命而兴起这一现象之后，指出形而上学依然在黑暗中摸索。康德认为，形而上学应该尝试模仿数学和自然科学的程序，至少在"就形而上学作为同样的理性知识，具有与数学和自然科学的相似性的限度之内"。从这里可以看出，自然科学革命，或者，更确切地说，牛顿革命，对康德的形而上学革命的影响是非常大的。

然而牛顿革命对康德的影响是否仅仅局限于知识论层面，人们在强调康德的视界转变的重要性的同时，是否还应看到存在着

---

* 本文原刊于《世纪书窗》2001年第5期。康德：《宇宙发展史概论》，全增嘏译，上海译文出版社2001年版。

更为重要的意义，即：自然与道德、知识与信仰之间的统一（这种统一后来构成了"第三批判"的核心）？存在着一条线索，贯穿于作为数学家及物理学家的青年康德、作为形而上学家的中年康德与作为道德及政治哲学家的晚年康德之间，这就是：善与正义的生活如何可能？这一问题在康德时代所面临的巨大挑战是，自然科学知识的突飞猛进及随之而来的信仰与道德的危机。或许康德有更充分的理由认识到这一危机，因为康德本人在精神上正是追随着当时的自然科学的这一伟大的突破的。

在伟大的思想家那里，青年时期的著作往往更显豁地呈现出这一思想家的最基本的问题的来源，而不像成熟期的著作，后者往往云山雾罩，问题的踪迹难以辨识。读康德的《宇宙发展史概论——根据牛顿定理试论整个宇宙的结构及其力学起源》一书，同样有如是之感受。这本书完成于1750年至1755年之间，康德30岁前后，当时他正在东普鲁士的偏僻乡村做家庭教师。在这本书中，康德提出了著名的星云假说，比拉普拉斯要早四十年。关于这一点及本书的细节，或许只有科学史家才会感兴趣，因为其中大部分观点在今天业已过时。倘若这本书像今天的许多物理学或天文学著作一样，那么，它是不可能引起我们阅读它的兴趣的，然而，情况显然并非如此。

在"前言"中，我们可以感受到一种隐隐的不安：康德反复声明本书对于宇宙的探索并不会损害信仰。宇宙秩序的合理性，被康德解释为上帝的意志。这一解释能否给那种不安以安慰呢？即使对康德来说，这样的安慰恐怕也是勉强的。人的理性对于世界之所以然的揭示，暗示着"创世"已不再重要，或者说，创造已不再是一种"行动"，因为这一"行动"要合乎理性的规定。于是人通过对事物之所以然的认识，将有能力"创造"（其实是复制）事物。这样就有了这本书中最著名的那句话：给我物质，我就用它造出一个宇宙来！这句话的意思是，人类有能力掌握宇宙的奥秘，将能够复制这样的过程。

由此，"创世"可以被理解为一种技术活动。知识成为世界技艺化的中介。与此同时，"自然"对人而言并不是屏蔽于上帝的身后的东西，而是直接向着人类完全敞开，如此，"自然"将丧失其传统含义，或者，更准确地说，"自然"过程由此将成为一种可操纵过程，"自然"的神秘性遭到破坏，"自然"在"人化"着，亦即"技术化"着。

不过，所有的这一些推论，尽管可以从康德的这一句名言中导出，但显然并不是康德的意图所在。且不说康德认为生命的起源是不可知的（即无法复制的），即使人能够认识世界的本质，康德说，世界也不只是一个，因为人所认识的宇宙只是世界中的一个，而且，人仅仅是一种理性存在物。是否存在着人之外的理性存在物，或者，更确切地说，复数的理性存在物的性质为何，对于这一问题的讨论，展开于本书的第三部分，亦即"附录"中。如果说前言及前两部分似乎在暗示人的理性能力的万能，那么第三部分却消解了前面所带出的印象。

第三部分（"附录"）是本书中最为奇特的一部分，其奇特性在这一部分的开头，康德的郑重声明（不是"随便开开玩笑"，如果只是闹着玩，"是对哲学的品格的侮辱"）中尤其显得突出。这一要求郑重对待的是即使放在今天也属时髦的话题：

外星人。这位生活于三百多年前的学者认为，外星人的存在根本就不是一个问题，问题在于他们的理性是怎样的。康德的假设是：理性存在者所居住的星球离太阳越远，他们也就越高级、越完善。

这一假设的荒谬性自然毋庸说明，需要指出的是为什么要讨论他们的理性能力。康德认为，所有这些理性存在者的思维能力是不同的（取决于造物主为各自所安排的物质条件），由此，他们眼中的世界也是不同的。这里我们似乎突然意识到，所谓"先天"就是造物主的安排。而人们常说的康德的"哥白尼式的革命"的意义将会受到限制，因为，解释人何以能够认识"自然"，只是解释了一个世界（人的现象世界）的认识问题，亦即，尽管《纯粹理性批判》"序"中所提到的视野的革命性的转变已潜伏在本书的这句名言之中，但这仅仅是在人的世界中才是有效的。由此可见，康德在本书中所设想的宇宙结构要远远超出他后来所从事的工作的范围。

因此，对于下述说法——康德通过在认识论领域的所谓"哥白尼式的革命"（更确切地说是"反哥白尼的革命"），使人重新回到了世界中心，以及通过在实践理性领域的革命（"人是目的"），为作为现代性核心的人类中心主义作出了经典的表述——只有在这样的一个限度之内才是有效的：人的世界的范围之内。但康德明确认为，存在着别的世界。因为人只是众多理性存在物中的一类。他所引用的一个故事，颇能说明他的看法：那些生长在乞丐头上森林中的生物，长期以来一直把它们的住所当作一个巨大无比的球，而且把自己看作造化的杰作。后来，其中有一个天生聪明的、它们一类里的小丰登涅尔，意外地看见了一个贵族的头，它随即把它住处中所有的滑稽家伙叫在一起，狂喜地告诉它们："我们不是整个自然界惟一的生物；你们看，这里是一个新的大陆，这里住着更多的虱子。"难道还有比康德的宇宙模式更能令人类从自负中摆脱的东西吗？

对于那些熟悉康德著作的人，在读到这本书的时候产生惊异之感恐怕并不为怪。不仅是因为在本书中我们看到了一位充满激情、措辞华美、想象力丰富的康德，更看到了比"三大批判"或单纯的"现象物自体"结构远为宏大的康德式的宇宙结构：人绝不是这个宇宙的中心，相反，这个宇宙远远超出了人的世界及人眼中的宇宙。正是这个宇宙的结构，支撑起了康德对于神与自然的信仰："在晴朗之夜，仰望星空，就会获得一种愉快，这种愉快只有高尚的心灵才能体会出来。在万籁无声和感官安静的时候，不朽精神的潜在认识能力就会以一种神秘的语言，向我们暗示一些尚未展开的概念，这些概念只能意会，而不能言传。"在康德这里，正是对自然或宇宙的感恩与敬畏之心，构成了美与崇高的趣味的源泉，维护了信仰与知识、理性与道德之间的统一。

自然的本义就是源源不断地"自然"发生的力量，这是人类的生命力、智慧与道德的源泉，是真、善、美的真正的本源。与大多数自然科学著作不同，《宇宙发展史概论》带给人的是对自然的谦和与敬畏，难道这不正是伟大哲人对于自然的情怀嘛："天何言哉！四时行焉，百物生焉；天何言哉？"——孔子斯言既表达了自然，也表达了哲人自身。

当下语境中的汉娜·阿伦特

——从《康德政治哲学讲稿》谈起*

一、从阿伦特思想的脉络看《康德政治哲学讲稿》①

大约二十年前，我写了本关于古希腊政治哲学的书，出版后，有位师长对我说，我使用的"空间"概念，跟阿伦特公共空间概念好像不谋而合，于是我头脑里就有了阿伦特的名字。后来读了她的《人的境况》，很佩服。也因从事政治思想史研究，我读了她的另一本书——《过去与未来之间》，该书包含八篇论文（她自称是思想操演），讨论了西方政治思想史上的许多重要问题，这本书给我很大启发。

又听说阿伦特有份未刊稿，文景新近出版的《康德政治哲学讲稿》就是它的中译本。研究者或学人往往有个癖好，但凡一位思想家的未刊稿，就认为隐藏着其思想的秘密核心。当

---

*　本文第一部分为2014年1月12日于季风书园的演讲整理稿，第二部分为对现场问答的综合。修改后刊于《天涯》杂志，2015年第6期。

①　汉娜·阿伦特：《康德政治哲学讲稿》，罗纳德·贝纳尔编，曹明、苏婉儿译，上海人民出版社2013年版。

初我也有这样的倾向，就借来读，但主要还是出于对康德政治哲学的兴趣。康德政治哲学不好懂，鉴于阿伦特的出身——在德国大学哲学系接受教育，是海德格尔和雅斯贝尔斯的学生，其本人又是一位思想家，我想她对康德政治哲学的理解必定不一般，于是读得很认真，一边读一边译。但是，等到差不多读完（大约译了九成）时，却感觉有点失望。原以为从这份《讲稿》中可以获得关于康德政治哲学的全面的或至少纲要性的了解，但是，正如编者贝尔纳在中译前言中所说，读了"很可能会以极大的困惑和迷乱而告终"。阿伦特的康德与我所理解的康德距离很大，尽管没有把握做出准确的判断，但也没有兴趣继续译完了。作为《讲稿》附录的贝纳尔的释文也没认真读。后来觉得这可能有些遗憾，贝纳尔的释文很重要。阿伦特对康德政治哲学的解释，应被看作她整个思想发展的一部分，而非对康德政治哲学的研究。我想，如果我们对阿伦特本人思想感兴趣，这本书就一定要读。如果我们对康德的政治哲学感兴趣，这本书至少可以作为参考。

阿伦特和我不一样。我是学院中人。但阿伦特不是学院派，当时有美国大学请她去做专职教授，她不去，至多做一个客座。她是一位思想者，而不只是学者。她直面现实问题，不把书而是把现实问题当作思想的原料。要理解阿伦特的思想，这是一个关键。在某种意义上，对康德政治哲学解释的准确性不是她所追求的，贝纳尔在释文中也指出了这一点。

阿伦特直面现实问题，与她的现象学方法密不可分，也与她对现时代的基本判断有关。她思想的一个重要前提是认为人类正置身于一个全新的时代，其标志是极权主义的兴起。对极权主义的研究是阿伦特的一大贡献。她的成名作——《极权主义的起源》，完成于20世纪40年代末，出版于50年代初。她完成这部皇皇巨著，只用了四年多一点的时间。这部书不仅是历史研究，也不仅是思想史或哲学研究，而且是对她所经历的当下事实的深入剖析，其中蕴含了她对时代和政治现实的看法。在这部书中，阿伦特告诉我们：极权主义是一种全新的历史现象，一切传统政治范畴都无法适用于它，它不只是传统意义上的暴政或专制，也不是纳粹德国和苏联所特有的，而是现代性发展到20世纪的产物。现代西方哲学对此已有所预见。

因此，阿伦特不认为极权主义将随"二战"的结束而告终。《极权主义的起源》完成于"二战"结束之后，却不只是对过往之事的总结。在她看来，"二战"或许只是意味着极权主义的开始。当时还有一个人与阿伦特有同感，他就是对认识极权主义现象同样做出巨大贡献的乔治·奥威尔。奥威尔的《一九八四》也完成于"二战"之后。对英、美等盟国在"二战"中的胜利，奥威尔的感受是什么？不仅没有陶醉在胜利和喜悦中，相反，他迁居于英国北方一座荒岛，他把这座岛看作最后一个被即将来临的极权主义统治的地方。奥威尔和阿伦特一样，认为极权主义并未随"二战"结束而画上句号，相反，一个新时代，极权主义的时代才刚刚开始。

阿伦特所谓极权主义的"新"，不是指它将为人类开创一条更好的新的道路，而是指在这种极权统治之下，人类一切伟大文明传统将被彻底摧毁，人将完全置身于以现代技术和现代组织为基础的绝对权力的任意控制下。极权主义标志着西方现代文明危机的全面爆发。盛行于20世纪20至40年代的法西斯主义和纳粹主义只不过是极权主义的一种拙劣的表现，是其初级阶段，极权主义完全可能以更"优雅"的方式，悄然降临于人们的生活之中，人们却浑然不觉。极权统治将阴魂不散，正以一种"无害的"意识和"中立的"技术进步和秩序管理的样式，向人类生活和精神的所有领域渗透。

阿伦特认为，当前人类正处于一个历史的转捩点上。如何面对极权主义这一正在降临的全新的政治和社会形态，关系到人类的未来。人类的出路，或许取决于能否用新的、创造性的方式来应对它。这一判断是阿伦特政治思想的前提和出发点。她之强调政治"行动"和"实践"，都与这一判断有关。

阿伦特把极权主义视作本质上的对公共领域或公共空间以及公民行动的瓦解和破坏，对人的政治的消解。就这一点而论，不论是"丑陋的暴政"，还是"美丽的新世界"，在她看来并无不同，它们都意味着公民政治和公民参与的丧失、公共空间的闭合。因此，对抗极权主义之道，便是反其道而行，即确立共和式的亦即公民平等参与的政治，营建公民言行的公共空间。这样的理论构想体现于她1958年出版的《人的境况》一书。

从理论或学术建构的角度，阿伦特的"行动"概念面对如下难题：她所谓的开创性的"行动"，既然同样是一切道德规范和善恶价值的开创者和奠基者，那么，这样的"行动"本身的衡量基准又是什么？《人的境况》甫一出版，就有不少批评，认为她的"行动"概念有可能落入虚无主义的泥淖。的确，阿伦特的公民"行动"如何与希特勒式的"行动"相区别，是一个严重的问题。

阿伦特在20世纪50年代前期曾作过一次演讲，演讲内容后来以《近来欧洲哲学思想中的政治关注》为题出版。这篇文献非常重要。阿伦特质疑存在主义，认为那种有关人意识到其"自由"而"跃入"存在的存在主义式的"行动"观，难以发展出一套政治哲学，甚至无法期望从中产生一些明确的政治原则。类似的质疑似乎也可用于阿伦特本人的行动概念。1958年《人的境况》为这一缺陷打了"补丁"。阿伦特所描述的实践行动有一个非常明显的特点：强调行动的戏剧性或舞台性，行动总是在他人旁观之下的行动。不过，她的这种说法不是没有问题的，如果我们了解希腊的实践概念以及作为阿伦特思想重要来源之一的海德格尔哲学的话。彰显和演示多少是有区别的。彰显使自身德行呈现，却未必呈现于他人眼中。演示则是在观众旁观之下，如同表演。一个表演者对他在众人面前的表演有明确意识，这很可能会影响到他的"彰显"。但是，阿伦特将两者相提并论。

不管怎样，就阿伦特的思想而言，"旁观"概念很重要，这赋予了她完善其理论（准确地说，行动概念）的机会。换言之，它被用于解决这一难题：衡量行动的基准是什么？回答是：他人的眼光，即旁观。什么是"旁观"呢？20世纪60年代，阿伦特得到了一次"演示"这个概念的机会。1963年，作为观察员，她"旁观"了艾希曼在耶路撒冷的受审，并完成了她的著名报告《艾希曼在耶路撒冷》。可以说，她实践了她的"旁观"概念。报告出版后引起了极大争议，不少批评者认为她身为犹太人，却未站在犹太人立场上。阿伦特辩解说，她并非作为一个犹太人"旁观"，当然，也并非作为一个女人，或一个德国人。她以自己为范例——在此意义上，她把自己作为了旁观的对象——，演示了一名旁观者在作"判断"时应具有的规范，这就是她在《康德政治哲学讲稿》中反复主张的，作为旁观者，应不计利害、不涉兴趣。这是对旁观者及其判断的要求，只有这样，旁观者的判断才能成为行动的基准。

正是在1963年后，阿伦特主要致力于康德政治哲学研究。1964年她在芝加哥大学开设关于康德政治哲学的课。拈取康德的判断力作为其政治哲学的核心概念，是因为在阿伦特看来，康德这一概念恰恰能为她的旁观者的判断理论提供关键的理论资源，而且，判断力概念是由康德率先提出的，这就是康德政治哲学之于阿伦特的意义。至于她对康德判断力概念的解释和运用是否合乎康德本意，至少在贝纳尔看来并非如此，甚至可以说是背道而驰的。康德的共通感概念抽象掉了所有质料，其"共同"指的是人类的共有理性。阿伦特的"共同"却强调特定的共同体，必然带有特定文化的意涵。因此，在《文化的危机》一文中阿伦特把判断力的养成归结为人文主义的文化教养，就不奇怪了。但是，这样的结论显然不可能出自康德。阿伦特借用康德的判断力概念，是为了完成她本人的理论体系。

阿伦特借康德之酒，浇自己心中之块垒，这样的做法，在思想史上并不罕见。只是他们两人的政治哲学的确有很大的不同。为了重新塑造她的"康德"，阿伦特在《康德政治哲学讲稿》中便说，康德没有他的成文政治哲学，至少尚未完成。但是，这样的说法明显不具有说服力。康德的晚年作品，如《法权论形而上学》及非常重要的《实用人类学》，就是他的成文的政治哲学。

阿伦特否认康德有成文的政治哲学，是为了可以从康德的判断力概念中发展出她自己所理解的康德（其实是她自己）的政治哲学。因此，这部《讲稿》的性质，应该说不是对康德的政治哲学的研究，而是服务于阿伦特完成其自身理论的需要。这里也体现了她作为思想家而非学院派学者的特点：不是以注释经典为己任，而是直面现实问题。

值得再提的是阿伦特选择有别于学院学术研究的路径，与其说是因为她的非学院学者的身份，不如说是因为她认为，我们所面临的时代问题已使我们难以从传统中得到现成的答案。我们的时代问题是史无前例的。20世纪以来的人类难以置信的技术成就和超大规模的组织控制，召唤了一个无思时代的降临。20世纪极权主义漫延的土壤，正是技术统治和社会官僚化所导致的人的普遍工具化——习于盲从、依附、适应，主要由此种人格构成的大众本身成为一个极为强大的物质力量，易于被操纵和利用。阿伦特因而不认为极权主义只应由纳粹或某些政治人物来负责，甚至受害者自身多少也有其责任。《艾希曼在耶路撒冷》出版后阿伦特众叛亲离，原因之一便是书中认为犹太社群对迫害也负有责任。

不过，阿伦特对极权主义问题的探讨，主要目的不在于追查"罪魁祸首"，更不是为了比照条文，确定罪责——从司法的传统含义上，这类罪行几乎无法被"定罪"（这也是20世纪诸多人类所造之孽的特点：难以想象和无法预期），也不只是为了在理论上构建一种历史或社会理论，告诉读者人类是如何走到"大屠杀"这一步的。她探讨极权主义的目的，意在引导每一个人对他的个人生活、他的政治和社会生活作真正的思考和反思。因此，阿伦特虽然对整个西方哲学传统多有批评，却经常提到一个人，就是苏格拉底。我想，这正由于苏格拉底开创了人应反思和省察自己生活的西方哲学传统。阿伦特提醒每一个人，每一个普通人，不应在寻常日用中丧失自我之思。受审判的纳粹军官艾希曼不是一个恶魔，而是一个极普通的人，他自学成才，聪明、能干、尽职、有教养、有上进心，但是，与大多数普通人一样，在他一味忙于各种事务性工作之时，甚至忙于尽他作为一个职务人的责任之时，却遗忘了人的责任，遗忘了人的根本之思。于是，在特定情境下，在这种对"思"的有意逃避中，便可能陷入极大罪恶之中了。

人倘若放弃了"思"，则无论行动还是判断，都极易远离正义，这是《艾希曼在耶路撒冷》一书的主要结论，也正是康德在其著名的《答"何谓启蒙"之问题》一文中所说的人不仅应作为特定职业人而且更应作为世界公民的意思。只有坚守作为思者的本分，才有可能抵御诸如像极权主义之类或许是铺天盖地，或许是无微不至，或许是润物无声的非同一般的现代罪恶。在价值混淆、社会动荡不定的时代，"思"便不再是政治上的"边际事物"。勇于独立思考，不做牵线木偶——尽管在今天充满人为迷障的世界中或在各种利诱和伤害之下要做到这些并不容易——此时，那些不愿同流合污的特立独行者，就可能不只是寂然不动的静思者，而且是积极的行动者。"思"孕育了阿伦特认为的人类心灵活动中最具政治性的一种能力，即判断力。"思"将帮助他们恪守政治的正义界线。

作为一个试图为新起点奠基亦即开创性的思想家，阿伦特比同时代许多政治思想家更清醒地意识到人类置身于一个新的起点。但这并不意味着人类由此走上了阳关大道，相反，人类从来没有像今天那样，距离邪恶和毁灭如此之近。20世纪人类面临的巨大威胁是前所未有的，而产生应对它的解决之道的传统源头或已干涸。人类的未来迫切渴望新的奠基和真正的开创性活动。唯有不仅仅依恃任何根基，敢于直面现实，真诚地思考和智慧地判断，才有可能阻击这个正不断冷却凝固且日益加厚的"坚壳化"的现代进程。由此似乎才能理解在《康德政治哲学讲稿》中所蕴含的阿伦特的用心。

二、阿伦特与我们

汉娜·阿伦特的一大贡献是对现代极权主义的反思。为什么只有她能写出像《极权主义的起源》那样伟大的反思之作，今天的我们如何理解她的思考？

我以为这个问题非常复杂，值得探究。就阿伦特而言，她可能具备了两个有利条件。一是她亲历极权主义和战争苦难：作为犹太人，她在德国被捕，后流亡法国；作为德国人，她在法国被关入集中营，后侥幸逃脱，未能逃出者大多被送往波兰纳粹集中营。当然，阿伦特对极权主义的反思并不囿于她个人的遭际，作为思想家和哲学家，她的视野必然超出个人经历。但是，这并不是说，个人苦难不重要。对人类苦难的关切，是一切思考和理论探索的主要目的之一，而非相反——似乎一旦形成一套精致、美妙、庞大、复杂的历史或政治理论的说辞，可以解释从而也似乎可以理解一切苦难后，苦难就不值一提了，或者，至多只具有作为理论或知识体系的原始材料的价值，谁要多谈便不免被视作过于沉浸于个人的"小我"了。苦难是最个体化的，难以言表，甚至无法交流，任何概念和理论，不论多么精巧、复杂、机智、微妙，都不过隔靴搔痒而已。对一位真正的思想者和学术研究者来说，不应以能理智而漠然地理解世情为满足，比材料和论证、博识和精思更重要的，是对他人苦难的同情和体悟的意愿与能力，这是一切真正有价值、有生命的学术研究的必要前提，舍此，所谓的学术研究就会沦落为材料的处理工作和思维的逻辑游戏。

第二个有利条件是阿伦特的思想扎根于自古希腊亚里士多德至现代康德、马克思、托克维尔、海德格尔和雅斯贝尔斯的伟大传统中，借此，她得以获得对现代生活、现代精神的全面、深入的洞察，因此，她的研究较少受政治意识形态左右。她对极权主义的追根溯源，从西欧反犹主义，经西方殖民帝国主义，到纳粹主义，其对现代文明的反思和批判，不留情面。阿伦特深刻意识到随着现代进程的启动，技术工业日新月异的发展及其为权力的无节制的利用，已造成对人的生活及其自我理解的全面宰制。技术对人的物质生活——甚至在今天的精神生活——的全面控制；宣传手段尤其大众媒体对人的意识、思想施以各种前所未有的操作——操纵、拼装、排挤、踩踏、凌辱、制造幻影；在权力的全面渗透之下，信仰失落、自然人际关系瓦解、主动精神的丧失等，所有这一切逐步腐蚀了人的公共行动能力，公共空间日渐萎缩，现代极权主义的出现正是所有这些无止境发展的恶果。

阿伦特所置身的德国哲学传统指出，科学技术既是现代文明的一种主要体现，也蕴含了一种意识形态，后者便是阿伦特在《人的境况》中所强调的那种"制作"态度：将世界视作征服与控制的对象。现代传媒技术的出现也同时在积极和消极两个方面产生作用。就消极面而言，它使宣传和操控变得更加容易。希特勒上台的重要原因之一是善用当时最先进的宣传手段，作为一位优秀的传媒专家，希特勒精通如何进行心理操纵，其效果是惊人的。古代一位演说家在城邦广场上所影响的至多只是几千或上万人，但在现代社会，通过有线无线技术，可以影响千百万乃至上亿人。

信息技术的发展，是否有助于阿伦特所珍视的公共空间的构建呢？乍看在现代社会，从物质上营构公共空间变得容易得多，借助手机、网络，天各一方的人好像近在咫尺，但是，我想从阿伦特的公共空间概念来看，重要的不是物质和技术方面，而是人是否有能力来形成真正的公共空间，这无关乎技术，而是关乎人能否成为真正的公民，即是否有能力"行动"的问题。阿伦特所担心的是现代人丧失了采取真正公共行动的能力。阿伦特推崇古代城邦政治，并非认为现代人可以回归古代城邦，而是因为在古代城邦政治理想中，公民德行，即从事公共行动的能力，被视作政治的根本目的。她批评自由主义，是认为后者过于注重自由的外部条件，忽视人能够自由的内在能力或德行。阿伦特极为独特的"权力"概念也是由此角度来界定的：不是作为制度性或体制性的权力，而是人自身的行动能力。

显然，公共空间不能光靠现代科技手段来营造，它的形成在根本上只能建基于公民的行动力。公共空间并非一种物质场所，而是由人性力量敞开的空间。由此角度，阿伦特区分了公共空间和市民社会，即政治和经济。

阿伦特不是科技进步的反对者，也不仇视财富的增长，事实上，她很强调财产权的重要性。她只是反对生产和技术性议题侵入公共领域，主张恪守分际，即区分公共与私人、政治与经济，反对必要性领域的活动混入公共领域，使公共空间变质或萎缩。在《论革命》中她把法国大革命中的暴民政治，归咎于革命者过度将经济议题作为革命的核心议题，即把经济活动或生产活动视作政治行动之核心。的确，认为经济议题或与利益相关的议题不应纳入公共议题，在实践中会造成很大的困难，这或许体现了阿伦特思想的某种"空想性"，因为即便重返古希腊城邦广场，我们也会看到所讨论的大部分议题不外乎各种利益攸关的问题。但是，倘若考虑到政治的根本目的在于每个人的能力的发展和完善，而非GDP的增长；考虑到政治的根本目的是使人变得更强健、更高贵、更人性，而非使人变得萎琐、无能、顺从、易于摆布使唤，那么，哪怕阿伦特忽视人们常常关注的现实利益议题，她的行动概念仍然丝毫不削弱其积极意义——可以帮助我们避免陷于诸多现实议题而错失政治的根本目标。

那么，阿伦特的思想对今天的中国人有什么意义呢？

我以为这个问题可以从两方面来考虑。首先，现代中国是否与现代西方共享着现代性的许多成果，如技术工业、信息媒体、娱乐文化、大众社会，尤其是生产和再生产方式，社会世俗化，等等，还是，中国依旧像唐宋元明清，聚族而居，日出而作，日落而息，人际只限于父母兄弟妻子朋友等等？答案是明显的。那么，中国是否也将面临西方所面临的诸多问题和挑战。由此，阿伦特思想是否对当代中国有意义，不难回答。

其次，阿伦特作为一个思想家、作为西方伟大古老文明传统的承继者，面临着这一传统，或如她所说的，西方伟大哲学传统，在20世纪衰落的问题，那么，她所面对的挑战是否也是20世纪以来中国人所面对的。我们的传统是否像阿伦特对她自己的传统的判定——已无力应对当今世界的挑战，需要我们自己来诚实面对且做出有责任的回答。这个古老而伟大的传统是否有可能重生且有新的发展，也需要我们有能力来回答。

有人会说，在阿伦特身上，可以看到一种极端的矛盾性，一方面对于新的开创和奠基的明确意识，另一方面，最后开出的，无非是些“古时的药方”。譬如，她的“公民社会”“德行”，甚至“闲暇的哲学思考”，莫不以古希腊思想为参照；她所提倡的，是人文主义的教育，并以之为公民共通感的基础。这种矛盾将如何来理解呢？

还有人问，这些东西，诸如古典的公民德行、公民精神、积极自由，不都早已是现代社会的手下败将，被取而代之，靠它们会有希望吗？某些批评者认为阿伦特所倡导的重归古希腊城邦共和政治或参与性政治是无效和软弱无力的。

公民共和主义的古典传统确实早就被战胜过，不必讳言，但打败它的首先不是现代性，而是基督教。相反，现代的崛起倒是以"文学复古"（即通译"文艺复兴"）为开端，直到19世纪，欧洲还在讲"复兴"。可以说，既古又新的现象，几乎贯穿于整个现代。中国在步入现代化之初也讲"复兴"，Renaissance一词，曾有"复古""复兴""再生"和"新生"等多种译法。"古—今""新—旧"的辩证关系，其实存在于每一个历史时代。"古"的力量源于它直接汲取于本真人性这一源头，故而是永恒的，虽不时丧失，却总会重获生命力。"古"不是过往的器物、制度，而就是人本身，一切伟大而古老文明的起点，无不是对人本身的发现和对人自身的意识。

直面现实是阿伦特思想的重要特点，但是，最重要的现实就是人本身。现代社会的诸种困境，一言以蔽之，是在技术和组织的重重障蔽下，人丧失了自身。技术可以制造一个"新世界"，但是，唯有真正出自人性的行动，才能造就一个真正的人的世界，正如信息技术可以让人咫尺天涯，但是，公共空间的真正交往，依然离不开苏格拉底式对话。实践或行动的古典精神，即真正的人的行动，是否可以在今天的物质和社会条件下重生？对此，我们的回答是：首先我们必须能认识它，然后我们必须去实践它。

图书在版编目（ＣＩＰ）数据

古今之维：问题与方法 / 洪涛著. —— 成都：四川
人民出版社, 2025.7
ISBN 978-7-220-13576-7

Ⅰ.①古… Ⅱ.①洪… Ⅲ.①政治哲学—文集 Ⅳ.
①D0-02

中国国家版本馆CIP数据核字(2024)第045412号

GUJIN ZHI WEI: WENTI YU FANGFA

古今之维：问题与方法

洪涛 著

出 版 人	黄立新
策划统筹	封 龙
责任编辑	封 龙　黄旭东
封面设计	wscgraphic.com
版式设计	张迪茗
责任印制	周 奇

出版发行	四川人民出版社（成都三色路 238 号）
网 址	http：//www.scpph.com
E-mail	scrmcbs@sina.com
新浪微博	@四川人民出版社
微信公众号	四川人民出版社
发行部业务电话	（028）86361653　86361656
防盗版举报电话	（028）86361653
照 排	四川胜翔数码印务设计有限公司
印 刷	成都东江印务有限公司
成品尺寸	140mm×210mm
印 张	8.5
字 数	180 千
版 次	2025 年 7 月第 1 版
印 次	2025 年 7 月第 1 次印刷
书 号	ISBN 978-7-220-13576-7
定 价	68.00 元

壹卷
YE BOOK

洞 见 人 和 时 代

官 方 微 博：@壹卷YeBook

官 方 豆 瓣：壹卷YeBook

微信公众号：壹卷YeBook

媒 体 联 系：yebook2019@163.com

壹卷工作室
微信公众号